Erik Bosch

Sexualität und Beziehungen bei Menschen mit einer geistigen Behinderung

Erik Bosch

Sexualität und Beziehungen bei Menschen mit einer geistigen Behinderung

Ein Hand- und Arbeitsbuch

Tübingen
2004
3. Auflage 2013

Anschrift des Autors:

Erik Bosch
Lampertheimstraat 21
7641 DR Wierden
Niederlande

E-Mail: info@bosch-training-en-advies.nl
Internet: www.bosch-training-en-advies.nl/de

Die Originalausgabe erschien unter dem Titel:

„Seksualiteit en relatievorming van mensen met een verstanelijke handicap. Een praktijk- en discussieboek"
bei: Uitgeverij Nelissen B.V., Baarn ©1995

Aus dem Niederländischen übersetzt von Brigitte van de Raadt, Joppe

Bibliografische Information Der Deutschen Bibliothek
Die Deutsche Bibliothek verzeichnet diese Publikation in der Deutschen Nationalbibliografie; detaillierte bibliografische Daten sind im Internet über http://dnb.ddb.de abrufbar.

© 2004, 3. unveränderte Auflage 2013
dgvt-Verlag
Hechinger Straße 203
72072 Tübingen

E-Mail: dgvt-Verlag@dgvt.de
Internet: www.dgvt-Verlag.de

Umschlagbild: Ted Selbach, Beek
Umschlaggestaltung: Winkler_Design, Wolfgang Winkler, Kusterdingen
Satz: VMR, Monika Rohde, Leipzig
Belichtung: KOPP – desktopmedia, Nufringen
Druck: Druckerei Deile GmbH, Tübingen
Bindung: Nädele Verlags- und Industriebuchbinderei, Nehren

ISBN: 978-3-87159-031-3

Inhalt

Vorwort

In meinem Buch „Wir wollen nur euer Bestes" (2000) habe ich versucht darzustellen, wie wesentlich eine klare Grundeinstellung gegenüber Menschen mit einer geistigen Behinderung ist. Dabei ist es von besonderer Relevanz, dass wir uns selbst gut kennen, da wir in der Begegnung mit anderen immer auch einen Teil von uns selbst einbringen, vor allem mittels unserer Grundeinstellung. Auch unsere eigene Grundhaltung zu den Themenbereichen Sexualität und Beziehungen fließt in unsere Begegnung mit anderen Menschen ein. Von dieser Grundhaltung sind vor allem Menschen mit einer geistigen Behinderung abhängig.

In der Praxis ist der Umgang mit dem Thema Sexualität und Beziehungen häufig schwierig. Zum einen herrscht unter den Klienten häufig eine Art „sexueller Notstand": Sie haben jede Menge Fragen, die ihnen nicht beantwortet werden. Zum anderen herrscht auch unter den Eltern und Betreuern häufig Unsicherheit. Diese beiden Aspekte zusammen genommen laden regelrecht dazu ein, das Thema Sexualität und Beziehungen bei Menschen mit einer geistigen Behinderung einfach zu ignorieren oder zumindest – bewusst oder unbewusst – zu vernachlässigen. Aber dürfen wir das? Ist es legitim, die Klienten mit all ihren Fragen einfach „im Regen stehen zu lassen"?

Zwischen Menschen mit einer geistigen Behinderung und uns gibt es weitaus mehr Gemeinsamkeiten als Unterschiede, viele von ihnen haben die gleichen Fähigkeiten und Bedürfnisse wie wir. Warum sollten wir ihnen also etwas vorenthalten, das wir selbst genießen und als schön und bereichernd empfinden? Uns wird es schließlich auch nicht versagt. Andererseits sind wir natürlich auch nicht so stark von anderen Menschen abhängig.

Es stellt sich daher folgende Frage: Können sich Menschen mit einer geistigen Behinderung in Folge unserer Unsicherheit im Bereich Sexualität und Beziehungen schlechter entfalten? Und wie gehen wir überhaupt mit ihnen auf diesem Gebiet um?

Wie auch in meinem ersten Buch möchte ich uns selbst in meine Betrachtungen einschließen. Menschen mit einer geistigen Behinderung können ein Glücksfall für uns sein, weil sie uns mit uns selbst konfrontieren. Dies wird besonders deutlich bei einem Thema wie Sexualität und Beziehungen: Das ist ein Thema, bei dem wir ganz klar Farbe bekennen müssen. Deshalb spielen auch unsere eigenen Normen und Werte in diesem Buch eine wichtige Rolle, genau wie unsere Grundüberzeugungen und unsere Lebenseinstellung. Wenn wir uns vor Augen führen, dass wir in der Begegnung mit anderen stets auch einen Teil von uns selbst weitergeben, wird die Relevanz dieser Aspekte besonders deutlich.

Menschen mit einer geistigen Behinderung haben ein Recht auf einen offenen Umgang in Bezug auf Sexualität und Beziehungen. Sie müssen Gelegenheit haben, sich ihren Möglichkeiten entsprechend zu entfalten, und dabei ist es unsere Aufgabe, uns angemessen zu verhalten. Natürlich laufen wir damit Gefahr, uns selbst auf irgendeine Weise bloßzustellen. Das macht aber gar nichts – es wird zum Vorteil dieser Menschen und auch zu unserem eigenen Vorteil sein, weil es unserer gemeinsamen Beziehung zugute kommen wird.

Meiner Meinung nach müssen Organisationen und Einrichtungen ein deutliches Bezugssystem bieten, und damit auch eine eindeutige Grundeinstellung in Bezug auf das Thema Sexualität und Beziehungen bei Menschen mit einer geistigen Behinderung. Ein solches Bezugssystem erfordert ein gewisses Maß an Offenheit, es zeugt aber auch von einem ernsthaften Umgang mit den Menschen, um die es in diesem Buch geht: Menschen mit einer geistigen Behinderung, ihre Betreuer und ihre Eltern.

Ich hoffe, dass ich mit diesem Buch einen konstruktiven Beitrag zu einer solchen Offenheit leisten kann. Ich wünsche mir, dass es einen (neuen) Ansatz zur Erörterung und Diskussion der Sexualität und Beziehungen von Menschen mit einer geistigen Behinderung liefert. Sie haben ein Recht darauf.

Das vorhergehende Buch habe ich bereits aus der Überzeugung heraus geschrieben, dass es uns selbst und unseren Beziehungen zu anderen nur zugute kommt, wenn wir uns *nicht* aus den Dingen heraushalten. Auch dieses Buch atmet diesen Geist: Es geht immer um Begegnung.

Erik Bosch

Zur zweiten Auflage in den Niederlanden

Es freut mich, dass bereits nach einem Jahr die zweite Auflage von „Sexualität und Beziehungen bei Menschen mit einer geistigen Behinderung" erscheint. Meine Hoffnung, dass dieses Buch einen (neuen) Ansatz zur Erörterung und Diskussion des Themas Sexualität und Beziehungen darstellen könnte, hat sich zu meiner großen Freude erfüllt. Das vorliegende Buch kann somit in Einrichtungen für Menschen mit einer geistigen Behinderung als Katalysator dienen.

An dieser Stelle möchte ich allen Betreuern von Menschen mit einer geistigen Behinderung, den Eltern und Vertretern der Elternvereinigungen, dem niederländischen Gesundheitsministerium und den Bildungsanstalten in den Niederlanden und in Belgien recht herzlich für ihre freundlichen Reaktionen danken.

Kurz nach dem Erscheinen der ersten Auflage erschien in den Niederlanden der Bericht zur Studie über sexuellen Missbrauch bei Menschen mit einer geistigen Behinderung (Van Berlo, 1995). Ich empfinde den Inhalt dieses Berichts als Bestätigung meiner Forderung nach einer größtmöglichen Offenheit auf dem Gebiet der Sexualität und Beziehungen. So kann sexueller Missbrauch leichter entdeckt und möglicherweise sogar verhindert werden. Der zweiten Auflage meines Buches sind einige Zitate aus oben genanntem Bericht hinzugefügt worden. Darüber hinaus werde ich mich hier auch kurz dem neuen Aufklärungsmaterial widmen.

Ich danke Fenny Koomen für ihre wertvolle Kritik und Empfehlungen. Und ich hoffe, dass ich mich auch in Zukunft mit recht vielen Menschen über dieses fesselnde und bereichernde Thema auseinander setzen darf.

Von einigen Ergänzungen im sechsten und siebten Kapitel zum Thema Aufklärung und sexueller Missbrauch abgesehen ist diese Auflage unverändert.

Erik Bosch

1. Einführung

In diesem Buch möchte ich meine Aufmerksamkeit dem Thema „Sexualität und Beziehungen bei Menschen mit einer geistigen Behinderung" widmen.

Ich habe oft den Eindruck, dass auf diesem Gebiet große Unsicherheit herrscht und dass die Sexualität und die Beziehungen von Menschen mit einer geistigen Behinderung in der Regel als Problem angesehen werden. Das zeigt sich in Tagesstätten, Schulen, Behindertenwohngemeinschaften und -einrichtungen sowie natürlich auch bei vielen Menschen mit einer geistigen Behinderung, die zu Hause bei ihren Eltern leben. Dabei finde ich es immer interessant zu sehen, wie die oben erwähnte Unsicherheit aussieht und wie die Menschen mit ihr umgehen.

In letzter Zeit fallen bei der Betreuung von Menschen mit einer geistigen Behinderung sehr häufig Begriffe wie Normalisierung, Integration, Emanzipation und Selbstständigkeit. Man spürt das Bedürfnis der Zuständigen, einen Standpunkt einzunehmen. Ich frage mich daher oft, welche Rolle diese vier Begriffe in der Begegnung mit Menschen mit einer geistigen Behinderung speziell auf dem Gebiet von Sexualität und Beziehungen spielen. Können diese Menschen in dieser Hinsicht wirklich ein normales Leben entsprechend ihren Möglichkeiten führen, kommt ihr Recht auf Entfaltung auch auf sexuellem Gebiet zum Ausdruck und können sie eigene Entscheidungen darüber treffen? Gehen wir so gut mit ihnen um, dass wir sagen können: „So möchte ich auch, dass andere mit mir umgehen"?

Anhand von beispielhaften, alltäglichen Diskussionen und Problemsituationen möchte ich in diesem Buch gern näher auf die oben genannten Fragen eingehen.

Im zweiten Kapitel skizziere ich mit Hilfe einiger Problemsituationen aus der Praxis den Schwerpunkt dieses Buches. Dabei wird deutlich, wie viele offene Fragen es noch gibt, die einer Antwort bedürfen.

Anschließend versuche ich die Faktoren aufzuzeigen, die meiner Meinung nach zu einem großen Teil für die Unsicherheit auf diesem Gebiet verantwortlich sind.

Ein wichtiger Faktor ist meines Erachtens das Fehlen eines eindeutigen und von allen mitgetragenen Standpunktes in Bezug auf die Sexualität und die Beziehungen von Menschen mit einer geistigen Behinderung. Damit meine ich, dass alle Menschen innerhalb einer Organisation oder innerhalb der verschiedenen Umgebungen, in denen sich der Klient bzw. die Klientin aufhält, die gleiche Grundeinstellung haben sollten. Dies kommt sowohl den Klienten als auch den Mitarbeitern zugute.

Im dritten Kapitel beschreibe ich ein Bezugssystem, das als mögliche Richtlinie für den Umgang mit Menschen mit einer geistigen Behinderung gedacht ist. Ich sage bewusst: als mögliche Richtlinie. Diejenigen Leserinnen und Leser unter ihnen, die in Organisationen und Einrichtungen für Menschen mit einer geistigen Behinderung arbeiten, können anhand dieser Richtlinie ihre Grundeinstellungen überprüfen. Sie können das Material andererseits auch dazu nutzen, sich erst einmal eine Meinung in Bezug auf die Sexualität und die Beziehungen von Menschen mit einer geistigen Behinderung zu bilden. Ich werde anschließend einen eigenen Vorschlag dazu machen.

In den nachfolgenden Kapiteln führe ich die im dritten Kapitel angerissenen Themen weiter aus und illustriere sie mit Beispielen aus der Praxis. So beschäftige ich mich im vierten Kapitel mit der Tatsache, dass die Ohnmacht und Unsicherheit oft mit unterschiedlichen Normen und Werten zusammenhängt. Es ist daher äußerst wichtig, dass uns unsere eigenen Normen und Werte bewusst sind. Im Zentrum des Kapitels steht die Fähigkeit, die eigenen Normen und Werte zu relativieren und sich, im Interesse des Klienten, nicht über ihn, sondern mit ihm auf eine Stufe zu stellen. Darüber hinaus stellt sich die zentrale Frage, inwiefern überhaupt die Normen und Werte der Klienten berücksichtigt werden, schließlich geht es letztendlich um ihr Wohlbefinden.

Im fünften Kapitel beschäftige ich mich mit den Implikationen des Ausdrucks „Verhaltensweisen und ihre Bedeutung". Professionelles Arbeiten beinhaltet unter anderem die korrekte Interpretation von Signalen, auch der Signale auf dem Gebiet der Sexualität und der Beziehungen. Gelegentlich ist das jedoch ziemlich schwierig „was wird zum Beispiel durch Körperlichkeit ausgedrückt? Was will die andere Person von mir? Darüber hinaus gehe ich in diesem Kapitel auf die zentrale Bedeutung des *Erlebens* von Sexualität ein. Das Erleben kann sehr unterschiedlich ausfallen. Abschließend beschäftige ich mich mit der Frage, was Sexualität eigentlich beinhaltet.

Im sechsten Kapitel gehe ich auf die Bedeutsamkeit der sexuellen Aufklärung von Menschen mit einer geistigen Behinderung ein. „Sexuelle Aufklärung" scheint ein weit gefasster Begriff zu sein, sie ist ein Teilbereich der Erziehung und des menschlichen Umgangs. Ich behandele nacheinander folgende Themen: „sexuelle Aufklärung als innere Grundhaltung", die Vorstellungen vom Körper, Veränderungen während der Pubertät, Normen und Werte, die Entwicklung eines eigenen Bildes, die Fähigkeit, Grenzen zu setzen, sowie die Bedeutung von Konkretisierung und Visualisierung. Ferner kommen die Themen Selbstbefriedigung, Beziehungen, Empfängnisverhütung und Aids-Vorsorge, die niederländische Stiftung für alternative Partnervermittlung „Alternative Relatiebemiddeling" und Pornografie zur Sprache. Es wird sich dabei zeigen, wie viel von der Offenheit der Betreuer abhängt.

Im siebten Kapitel geht es um sexuellen Missbrauch, ein Thema, das regelmäßig heftige Emotionen auslöst. Ich gehe unter anderem auf die Definition des Begriffs, auf das Vorkommen von sexuellem Missbrauch und die Betreuung des Opfers, des Teams und der Eltern ein. Darüber hinaus beschäftige ich mich auch mit der Bedeutung einer klaren Verfahrensanweisung, in der die Regeln im Umgang mit sexuellem Missbrauch und dem Verdacht hierauf eindeutig beschrieben werden.

Die Eltern der Klienten fühlen sich häufig mitverantwortlich für die Betreuung ihres Kindes, und zwar zu Recht. Eltern und Betreuer sind aufeinander angewiesen, auch wenn es zwischen ihnen häufig zu großen Konflikten kommt. Zum Glück sind sich beide Parteien aber häufiger einig als ihnen selbst bewusst ist.

Im achten Kapitel widme ich mich dem Umgang mit den Eltern und Betreuern. Bei diesem Umgang kommt es sehr darauf an, aus welcher Perspektive man ihn betrachtet. Es stellt sich zum Beispiel die Frage, wie wir mit dem Klienten umgehen, wenn Eltern und Betreuer sehr unterschiedlicher Meinung hinsichtlich der Betreuung auf sexuellem Gebiet sind. Das neunte Kapitel schließt das Buch mit einigen letzten Bemerkungen ab.

Ich gehe hier noch nicht auf die Frage nach dem Umgang mit einem möglichen Kinderwunsch von Menschen mit einer geistigen Behinderung ein. Und zwar nicht deshalb, weil ich dieser Diskussion aus dem Wege gehen will, sondern ganz im Gegenteil: Weil es sich hier um ein Thema handelt, das sehr viele (ethische und moralische) Fragen aufwirft und einen eigenen, umfangreichen Teil des Buches wert wäre. Dieses Thema erfordert mehr „Tiefgang". Daher hoffe ich, zu einem späteren Zeitpunkt in einer gesonderten Studie über ethische Fragen in der Betreuung von Menschen mit einer geistigen Behinderung darauf zurückkommen zu können.

Dieses Buch richtet sich an alle, die sich eine eigene Meinung über die Sexualität und die Beziehungen von Menschen mit einer geistigen Behinderung bilden möchten. Dabei denke ich an alle Personen, die in irgendeiner Weise mit Menschen mit einer geistigen Behinderung zu tun haben. Das können Schüler einer Berufs- oder Fachhochschule sein, die sich aus beruflichen Gründen mit Menschen mit einer geistigen Behinderung beschäftigen, aber auch Personen, die im sozialen Bereich für diese Menschen sorgen in welcher Funktion auch immer. Natürlich denke ich auch insbesondere an die Eltern und Geschwister dieser Menschen, denn gerade bei ihnen wirft diese Problematik häufig viele Fragen auf.

Einrichtungen und Organisationen, die mit Menschen mit einer geistigen Behinderung arbeiten, können mit Hilfe dieses Buches versuchen, ihre Grundeinstellungen „und die sich daraus ableitenden Vorgehensweisen in Bezug auf die Sexualität und die Beziehungen von Menschen mit einer geistigen Behinderung" zu reflektieren und zu überprüfen. In diesem Sinne ist das Buch als Richtlinie bzw. Diskussionsgrundlage gedacht.

Dieses Werk ist ein Praxis- und Diskussionsbuch, Theorie und Praxis wechseln sich in den Kapiteln so weit wie möglich ab. Am Ende eines jeden Kapitels finden die Leserinnen und Leser Fallbeispiele, Thesen und Rollenspiele und die beschriebenen Situationen fordern sie zur Diskussion und Stellungnahme auf.

2. Eine kurze Beschreibung des Problembereichs

2.1 Einführung: Ist dieses Thema tabu?

Oft wird behauptet, dass unsere Zeit keine Tabus mehr kenne. Wir können über alles reden: Wildfremde Menschen reden vor der Kamera über intimste Dinge miteinander und mehrere Millionen von Menschen sitzen vor dem Bildschirm und schauen zu. Es werden Ängste offen gelegt, es wird gestritten, Experten sagen ihre Meinung und die Zuschauer können direkt anrufen und ihren eigenen Kommentar loswerden. Es scheint also, dass alles gar nicht intim und offen genug sein kann. Der Tod ist kein Tabu mehr, über Sexualität wird bis ins kleinste Detail gesprochen, psychische Probleme werden ausgewalzt und die Meinung eines jeden ist gefragt.

Ist das wirklich so? Ich habe da meine Zweifel. Wie vertraut gehen wir wirklich miteinander um? Inwieweit geben wir uns privat oder auf der Arbeit wirklich eine Blöße, wenn es sein muss, also in Augenblicken, wo dies wirklich funktionell notwendig wäre?

Menschen mit einer geistigen Behinderung sind sehr davon abhängig, mit wie viel Offenheit und Aufgeschlossenheit wir ihnen begegnen, besonders bei einem so heiklen Thema wie Sexualität und Beziehungen. Wir denken schließlich mehr oder weniger stellvertretend für sie und müssen unsere Denkweisen daher gut begründen können, da sie eine große Wirkung auf die von uns abhängigen Menschen ausüben.

Stellen Sie sich zum Beispiel vor, Sie seien behindert und lebten in einer Wohngemeinschaft, in der man Ihnen erklärt, wie Sie sich sexuell selbst befriedigen können, wenn Sie das Bedürfnis dazu haben. Ihr Hilferuf wird also ernst genommen und es wird darauf reagiert. In einer anderen Wohngemeinschaft reagiert jedoch niemand auf Ihren Wunsch. Da wüssten Sie doch sicher gern vorher, in welcher der beiden Wohngemeinschaften Sie leben werden, oder? Ganz offensichtlich ist jeder von uns von seiner Umgebung abhängig.

Wie viel Zeit und Spielraum jedoch für die Bewusstmachung einer solchen Problematik vorhanden ist, hängt sehr von der jeweiligen Situation ab und wird von vielen Faktoren bestimmt. Diese Faktoren sollen in diesem Buch dargestellt und erörtert werden.

2.2 Einige Beispiele: ein Abriss der Schwerpunkte

In der Sonderschule fummelt Johann ständig an Simones Brüsten herum. Manchmal geht er auch mit ihr zur Toilette. Nach ihren verbalen und nonverbalen Reaktionen zu urteilen, scheint Simone das zu gefallen. Während des Schultags treffen sich Simone und Johann oft und sitzen dann innig Hand in Hand beieinander.

Die Auffassungen der Betreuer in dieser Situation gehen erheblich auseinander. Einige meinen, dass schon nichts Schlimmes passieren werde und dass man nicht allzu viel auf Johann und Simone achten müsse. Sie führen ganz unterschiedliche Begründungen für ihre Ansicht an: Einige behaupten, Johanns und Simones Grad der geistigen Behinderung stünde einer sexuellen Beziehung ohnehin im Wege. Andere Betreuer scheinen ganz einfach unsicher und verlegen zu sein: Manchmal erscheint es eben einfacher, die Augen vor der Realität zu schließen. Wieder andere Betreuer sind der Ansicht, dass man unbedingt reagieren müsse. Sie meinen, Simone und Johann empfinden nun mal etwas füreinander und haben offensichtlich das Bedürfnis, ihre sexuelle Beziehung auch zu leben. Aber die beiden wissen gar nicht, wie sie das überhaupt tun sollen.

Die Betreuer finden vorerst keine Lösung, unter anderem auch deshalb, weil Simones Eltern ein Verhältnis ihrer Tochter mit Johann – und eine sexuelle Beziehung erst recht – ablehnen. Es wird also nichts weiter unternommen. Simone und Johann wissen nicht, woran sie sind, genau wie die Betreuer. Das Thema bleibt ungeklärt.

In der Behindertenwohngemeinschaft fällt auf, dass Annie sich regelmäßig den männlichen Betreuern gegenüber aufreizend und provozierend verhält. Die Mitarbeiter wissen nicht so recht, wie sie reagieren sollen. Manchmal versucht Annie auch, sich selbst zu befriedigen, was zufällig entdeckt wurde, als die Betreuer ihr nach dem Duschen beim Abtrocknen helfen wollten und sie masturbierend in ihrem Zimmer vorfanden. Die Betreuer haben aber den Eindruck, dass es bei einem misslungenen Versuch geblieben ist und dass Annie keinen richtigen Orgasmus bekommt. Wie sollen sie damit umgehen?

An den Abenden im Freizeitclub zeigt eine Besucherin seit einiger Zeit deutlich, dass sie sich bis über beide Ohren in einen Clubmitarbeiter verliebt hat. Sie ist völlig auf ihn fixiert, umarmt ihn und bringt ihm Geschenke. Der Mitarbeiter weiß nicht, wie er damit umgehen soll. Einerseits möchte er sie nicht zurückweisen („Diesen Menschen geht sowieso schon so viel ab", sagt er), andererseits kann er ihre Gefühle nicht erwidern.

Im gleichen Freizeitclub hat ein Besucher die Angewohnheit, immer mal kurz mit seinen Händen die Brüste der Betreuerinnen zu streicheln und ihnen einen Klaps auf den Po zu geben. Wie sollen diese auf die unerwünschte Intimität reagieren?

In der Wohngruppe einer Behinderteneinrichtung fängt Karl an, in aller Öffentlichkeit, mitten unter den Mitbewohnern und Besuchern, zu masturbieren. Sonja, die gerade erst einige Monate als Betreuerin von Menschen mit einer geistigen Behinderung tätig ist, wird damit konfrontiert und weiß nicht, wie sie mit dieser Situation umgehen soll.

Klaus, ein Mann mit einer leichten geistigen Behinderung, wohnt seit kurzem in einer betreuten Wohngruppe mit zwei anderen Männern. In einem Gespräch mit seiner Betreuerin teilt er mit, dass er an diesem Abend zu einer Prostituierten gehen will. Er hat einen Monat lang gespart, um diesen Besuch machen zu können, aber jetzt hat er plötzlich Angst davor.

Marten wechselt häufig die Freundin. Sein Betreuer sucht das Gespräch mit ihm, um ihm zu erklären, wie wichtig es ist, ein Kondom zu benutzen. Marten will davon nichts wissen, er findet Kondome lästig. Außerdem hat er Angst, dass seine Freundin vielleicht denken könnte, dass er auch mit anderen Mädchen schläft. Und das dürfe sie auf keinen Fall, er sei so schon unsicher genug.

Saskia ist vierzehn Jahre alt und lebt zu Hause bei ihren Eltern und Geschwistern. Eines Abends fragt sie ihren Vater, nachdem sie eine heftige Liebesszene im Fernsehen gesehen hat, woher denn eigentlich die Babys kommen. Sie hat schon verstanden, dass die Kinder kommen, wenn man miteinander geschlafen hat, aber wie geht das eigentlich genau? Saskia ist in den Nachbarjungen verliebt. Sie fragt sich: Wenn ich ihn küsse, kommt dann ein Baby aus meinem Bein?

Und noch ein Beispiel zum Thema Babys: Annemarie, eine junge Frau mit einer leichten geistigen Behinderung, erwähnt nebenbei im Gespräch mit ihrem Betreuer, sie und ihr Freund hätten beschlossen, ein Kind zu bekommen. Sie habe gerade aufgehört, die Pille zu nehmen. „Du hast doch auch zwei Kinder", sagt sie zu ihrem Betreuer, „warum sollte ich nicht auch Kinder haben?"

Annabelle erzählt Wilhelmine, dass Betreuer Peter immer seinen Penis zwischen ihre Beine steckt. Und zwar meistens abends, beim Duschen oder zu Beginn der Nachtruhe. Schnell ist von sexuellem Missbrauch die Rede und im Team kochen die Emotionen hoch. Das hätte keiner von Peter gedacht, mit dem man bisher über alle möglichen intimen Dinge sprechen konnte. Wut, Ärger, Misstrauen, Verständnislosigkeit, Bestürzung, Mitleid und Schuldgefühle kommen zum Vorschein. Keiner versteht, dass niemand etwas in den letzten zwei Jahren bemerkt hat. Im Nachhinein scheint es aber doch Anhaltspunkte gegeben zu haben. Aber wie sollen die Betreuer jetzt mit Annabelle, ihren Eltern, Peter und im Team miteinander umgehen?

Ein Betreuer klopft an Joops Zimmertür, um ihn zu fragen, ob er Lust hat, mit ihm im Aufenthaltsraum einen Kaffee zu trinken. Er bekommt keine Antwort, auch nicht, als er das zweite Mal vorsichtig klopft. Als er schließlich die Tür öffnet, sieht er Joop und Bernd nackt zusammen im Bett liegen.

Nach einer langen Diskussion kommt ein Betreuerteam zu dem Schluss, dass sie an den nächsten Abenden unbedingt die Bewohner über Aids aufklären müssen sowie darüber, wie wichtig es ist, Kondome zu benutzen. Der genaue Ablauf muss noch besprochen werden, die Aufklärung soll jedoch so konkret wie möglich sein. Es kommt zu einer heftigen Diskussion, ob die Eltern im Rahmen eines Elternabends darüber informiert werden sollen.

In einem anderen Team wird diskutiert, ob von jedem Betreuer erwartet werden kann, dass er sexuell aufklärt, wenn dies notwendig ist, und ob die Aufklärung einzeln oder in der Gruppe stattfinden soll. Einige Betreuer wissen nicht, wie sie damit umgehen sollen.

In einer stationären Einrichtung wird festgestellt, dass Piet regelmäßig Erektionen hat. Wegen seiner Spasmen kann er sich jedoch nicht selbst befriedigen. Was soll man tun?

Es gibt eine große Anzahl praktischer Beispiele, die nicht immer einfach gelöst werden können. Betreuer, die mit Menschen mit einer geistigen Behinderung arbeiten, Mitarbeiter und die Eltern dieser Menschen können den genannten Beispielen sicher noch viele weitere hinzufügen. Dabei handelt es sich oft um Situationen, die Unsicherheit und Ohnmacht auslösen. Im Laufe dieses Buches werden diese Beispiele ausführlicher zur Sprache kommen.

2.3 Woher kommt die Hilflosigkeit und Verlegenheit im Umgang mit diesem Thema?

2.3.1 Einführung

Dass uns alle, denen ja eigentlich nichts Menschliches fremd ist, bei einem Thema wie Sexualität und Beziehungen von Menschen mit einer geistigen Behinderung gelegentlich Hilflosigkeit überkommt, ist ganz normal. Es hilft zu wissen, wo diese herrührt, um etwas gegen sie unternehmen zu können. Das wird auch den Menschen mit einer geistigen Behinderung zugute kommen: Je sicherer wir im Umgang mit diesem Thema werden, umso leichter können sie sich ihren Möglichkeiten entsprechend entwickeln.

2.3.2 Das ewige Tabu

Es ist nicht zu leugnen, dass in der Öffentlichkeit und in den Medien in zunehmendem Maße über Sexualität gesprochen wird. Und trotzdem ist dieses Thema häufig noch tabu. Menschen mit einer geistigen Behinderung halten uns in dieser Hinsicht einen Spiegel vor, sie zwingen uns, uns mit unseren eigenen Unzulänglichkeiten auseinander zu setzen und Entscheidungen zu treffen. Wie auch immer ihre Art, Sexualität zu erleben, aussehen mag, sie konfrontiert uns mit unseren eigenen Gefühlen, mit unserer eigenen Auffassung und unseren Wünschen in Bezug auf Sexualität und Beziehungen. Durch sie werden wir auf uns selbst zurückgeworfen und müssen uns fragen: „Was bedeutet Sexualität für mich, was ist mir wichtig und was finde ich schön?"

Wir könnten uns auch fragen, inwieweit uns unsere eigenen Wünsche, Auffassungen und Gefühle eigentlich bewusst sind. Wie gut kennen wir uns in diesem Bereich selbst? Und sind wir uns darüber im Klaren, welchen Einfluss unsere Erziehung auf unsere heutige Einstellung hat?

In diesem Zusammenhang sollten wir uns auch damit auseinander setzen, ob wir eigentlich wissen, was unsere Kollegen zu dem Thema fühlen und denken. Sprechen wir mit ihnen darüber? Verstehen wir die anderen und geben wir uns gegenseitig genug Raum, um wir selbst sein zu können? Häufig ist es sehr unterschiedlich, wie viel Menschen voneinander wissen und wie sie mit einem Thema wie Sexualität und Beziehungen im Team umgehen – in vielen Betreuerteams wird das Thema einfach wenig oder gar nicht beachtet. Und genau das ist es, was zu Unsicherheit und Hilflosigkeit führt.

2.3.3 Normen und Werte

Der vorherige Abschnitt steht in engem Zusammenhang mit der Frage nach den eigenen Normen und Werten. Da wir alle einen unterschiedlichen familiären und religiösen Hintergrund haben, werden auch unsere Normen und Werte, vor allem in Bezug auf das Thema Sexualität und Beziehungen, sehr unterschiedlich sein. Das ist in einer so genannten pluriformen Gesellschaft wie der unsrigen auch normal. Aber trotzdem ist es nötig, dass wir den Hintergrund der anderen wenigstens kennen, damit wir ihr Verhalten interpretieren können. Dies gelingt unter anderem, wenn wir ihre Normen und Werte kennen. Dann wird es einfacher, miteinander zu kommunizieren, und darauf haben unsere Klienten ein Recht. Unsicherheit und Verwirrung entstehen andererseits, wenn wir zu wenig über die Normen und Werte der anderen wissen.

2.3.4 Geistige Behinderung und sexuelles Verhalten

Meistens ist es nicht schwer zu verstehen, was in jemandem vorgeht, gelegentlich aber ist es eben doch schwierig einzuschätzen, was den anderen bewegt und antreibt. Dann fragen wir uns, warum sich jemand gerade so verhält und was sein Verhalten bedeutet. Hinter dem Verhalten des anderen verbirgt sich eine Geschichte, die er uns erzählen will. Die Bedeutung dieser Geschichte hinter dem Verhalten wahrzunehmen, das ist die Aufgabe, mit der professionelle Betreuer täglich betraut sind. Sie müssen dies tun, um auf implizite Fragen und Aufforderungen reagieren zu können. Wenn wir die Bedeutung des äußerlich wahrnehmbaren Verhaltens kennen, können wir auch die eigentliche Aufforderung verstehen, die andere Menschen an uns richten: den Hilferuf. Manchmal kommt es aber auch vor, dass wir dieses Verhalten überhaupt nicht verstehen und den Mut verlieren.

Gerade Menschen mit einer geistigen Behinderung zeigen gelegentlich ein Verhalten, das für uns zunächst einmal kaum nachvollziehbar ist. Ihr äußeres Verhalten ist für uns sehr schwer verständlich, weil wir uns nur mit großer Mühe in sie hineinversetzen können. Dies allein führt bei den Betreuern zu großer Anspannung. Für sie bedeutet es eine große Herausforderung und kann daher in manchen Fällen auch zu Hilflosigkeit führen.

Es kann auch geschehen, dass ein Mensch mit einer geistigen Behinderung ein sexuelles Verhalten zeigt, das schwer zu deuten ist. Und manche finden, dass ein solches Verhalten tabu ist. Sie finden es dementsprechend lästig, das Verhalten auch noch zu deuten. Auch wenn ich jetzt verallgemeinere, bin ich fest davon überzeugt, dass Menschen mit einer geistigen Behinderung häufig viel körperbetonter sind als Menschen ohne Behinderung. Andererseits gibt es auch Menschen mit einer geistigen Behinderung, die jede Form von Berührung abwehren und eine riesige Angst davor haben. Selbstverständlich muss immer jeder Fall einzeln betrachtet werden und jedes Mal der individuelle Mensch im Mittelpunkt stehen. Generell aber bleibt festzustellen, dass Menschen mit einer geistigen Behinderung weniger Hemmungen haben, andere zu berühren, zu küssen, zu umarmen und mit ihnen herumzualbern. Ihnen fehlt das anerzogene Empfinden für gesellschaftliche Grenzen, sie sind in dieser Beziehung (un-)angenehm gestört. Oder sind wir etwa die Gestörten?

Menschen mit einer geistigen Behinderung tragen weniger schwer an der so genannten zweiten Natur, die wir uns angeeignet haben: dem äußeren Anstand, den Anstandsregeln, die wir „Zivilisation" nennen. Infolgedessen haben diese Menschen jedoch Probleme untereinander und im Umgang mit uns. Menschen mit einer geistigen Behinderung verwenden für ihre Kommunikation untereinander und mit uns häufiger (und manchmal sogar ausschließlich) nonverbale Ausdrücke, was uns oft Schwierigkeiten bereitet. Wir fragen uns, was sie mit diesen Ausdrücken meinen, bei denen wir uns nicht immer ganz wohl fühlen. Berührungen allein sind schon schwierig genug: Spielt der andere ein Spiel mit mir, wenn er mich so innig berührt, oder meint er es ernst? Wann wird aus dem Spiel Ernst und wann muss ich Grenzen setzen, weil der oder die andere sich nicht beherrschen kann?

Betreuer begegnen manchmal Menschen mit einer geistigen Behinderung, deren Verhalten sie entweder ganz leicht oder nur sehr schwer deuten können. Darüber hinaus äußern sich viele Menschen mit einer geistigen Behinderung untereinander und den Betreuern gegenüber auf eine Art und Weise, die – gemessen an unserer eigenen Lebenserfahrung – stärker körperbezogen und manchmal schwer zu interpretieren und darüber hinaus möglicherweise auch noch provokativ sein kann. Ein weiterer Problembereich ist der Kontakt zu den Eltern dieser Menschen, für die Sexualität oft noch ein Tabuthema ist (auch wenn sich da inzwischen viel getan hat) – genau wie es das auch für uns einmal eines war. Da müssen wir von unserer Sache schon ziemlich überzeugt sein. Dies alles zusammen genommen sind gute Gründe, um unsicher werden zu können.

2.3.5 Die Rolle von Vorurteilen

Wenn wir generell davon ausgehen, dass Menschen mit einer geistigen Behinderung kein sexuelles Leben führen und dass sie keine Wünsche und Bedürfnisse auf diesem Gebiet haben, dann können wir dies getrost als Vorurteil bezeichnen. Begegnen wir beim Kontakt mit diesen Menschen dann doch einem Verhalten, das ganz eindeutig einem sexuellen Hilferuf gleichkommt, fühlen wir uns unbehaglich: Wir müssen unser Bild von ihnen revidieren, da dieses, wie sich gezeigt hat, ein Vorurteil war. Tun wir dies nicht, dann enthalten wir ihnen ein Recht vor, nämlich das Recht, auf sexuellem Gebiet ernst genommen zu werden. Im schlimmsten Fall bleiben ihre Hilferufe unbeantwortet und wir lassen sie im Regen stehen.

Vorurteile über das sexuelle Erleben dieser Menschen führen bei einer Konfrontation mit ihrem wirklichen Erleben zu Hilflosigkeit. Wir könnten natürlich die Augen davor verschließen, aber das wäre keine befriedigende Lösung. Dann müssten wir nämlich bestehende Tatsachen ignorieren und Gefühle unterdrücken.

2.3.6 Das Fehlen einer eindeutigen, von allen mitgetragenen Grundeinstellung zu Menschen mit einer geistigen Behinderung, ihrer Sexualität und ihren Beziehungen

Die Formulierung dieser Überschrift soll deutlich machen, dass die Einstellung zu Sexualität und zu den Beziehungen von Menschen mit einer geistigen Behinderung immer auch durch unsere grundsätzliche Einstellung diesen Menschen gegenüber bedingt wird. Diese Grundeinstellung prägt unser Handeln und von diesem Handeln sind Menschen mit einer geistigen Behinderung abhängig. Im Vordergrund steht immer erst einmal unsere innere Einstellung, egal, um welches Thema es sich handelt, ob um Sexualität, den Umgang mit dem Tod oder Aggressionen. Von der Grundeinstellung hängt alles ab, sie ist entscheidend. Wir sehen die Menschen, denen wir begegnen, immer aus einer bestimmten Perspektive, ob bewusst oder unbewusst. In meinem Buch „Wir wollen nur euer Bestes!" (Bosch, 2000) habe ich das Thema der Grundeinstellung zu Menschen mit einer geistigen Behinderung detailliert behandelt. Um den Ausgangspunkt meines Denkens und Handelns deutlich zu machen, möchte ich im folgenden Kapitel noch einmal kurz auf die Bedeutung der Grundeinstellung eingehen und anschließend die Einstellung zur Sexualität und zu den Beziehungen von Menschen mit einer geistigen Behinderung ausführlich erörtern. Die Grundeinstellung ist zwar ein Rahmen, der unser Handeln lenkt, aber er sollte auf keinen Fall dazu führen, dass wir unflexibel werden! Eine klare Grundeinstellung ermöglicht es auch, die Qualität der angebotenen Betreuung zu überprüfen, ein Thema, das aktuell bei Einrichtungen und Organisationen zur Diskussion steht.

Wenn wir eine gemeinsame Grundeinstellung haben, dann wissen wir auch, worauf wir uns beziehen können, wenn Hilflosigkeit, Meinungsverschiedenheiten oder Konflikte auftreten. Das gibt uns ein angenehmes und beruhigendes Gefühl – ein Gefühl der Sicherheit: Wir haben eine Richtschnur, die verhindert, dass wir in Verwirrung geraten.

Mit Hilfe dieser Richtschnur können wir an einer gemeinsamen Grundeinstellung zur Sexualität und zu den Beziehungen von Menschen mit einer geistigen Behinderung viel Freude haben. Im dritten Kapitel versuche ich, eine solche Grundeinstellung zu skizzieren. Fehlt diesbezüglich eine Vorgehensweise, entsteht viel Verwirrung und die Betreuer werden unsicher. Worauf können wir uns beziehen, wenn es keine Strategie gibt, worauf können wir zurückgreifen? Ist in einer Einrichtung oder Organisation keine Richtschnur vorhanden, so ist der Willkür Tür und Tor geöffnet: Menschen mit einer geistigen Behinderung werden schnell zum Spielball ihrer Umgebung und laufen Gefahr, Opfer unterschiedlicher Auffassungen zu werden. So kann es geschehen, dass eine aufblühende (sexuelle) Beziehung in der einen Umgebung gut betreut wird, während dies für eine gleiche Beziehung in einem anderen Umfeld überhaupt nicht gilt. Wünschenswert ist daher ein Rahmen, sowohl für die Menschen, um die es hier in erster Linie geht, als auch für die Betreuer und andere Beteiligte, die regelmäßig mit ihnen umgehen.

Das Fehlen einer von allen Ebenen der Organisation diskutierten und gemeinsam getragenen Einstellung zur Sexualität und zu den Beziehungen von Menschen mit einer geistigen Behinderung führt zu Hilflosigkeit und Ohnmacht. Im folgenden Kapitel gehe ich noch genauer auf die Grundeinstellung gegenüber Menschen mit einer geistigen Behinderung, ihrer Sexualität und ihren Beziehungen ein.

2.4 Diskussionspunkte und Aufgaben

1. Besprechen Sie in Ihrem Team, wie offen Sie tatsächlich miteinander umgehen. Gibt es zwischen Ihnen oder in Ihrer Einrichtung Tabuthemen?

2. Stellen Sie sich vor, Sie sind Teil eines Betreuerteams. Annie, die in einer Behindertenwohngemeinschaft lebt, verhält sich aufreizend und provozierend gegenüber den männlichen Betreuern. Sie gehen davon aus, dass Annies Versuche, sich selbst zu befriedigen, erfolglos sind. Besprechen Sie im Team, ob und wie Sie Annie helfen wollen.

3. Im gleichen Team kommt Klaus' Problem zur Sprache. Er möchte eine Prostituierte besuchen. Akzeptieren Sie seinen Wunsch im Team oder reden Sie gar nicht darüber? Löst sein Hilferuf bei Ihnen Fragen aus?

4. Sie treffen Joop und Bernd, die zusammen in einer betreuten Wohngemeinschaft leben, zusammen im Bett an. Halten Sie eine Reaktion für erforderlich? Wenn ja, wie sollte diese aussehen?

5. In der Tagesstätte fragt Petra eine Betreuerin, woher denn eigentlich die Babys kommen. Sie überlegen im Team, ob und wie Sie auf Petras Frage eingehen wollen. Petras Eltern sind auch neugierig auf Ihre Lösung. Petras Mutter sieht Ihre mögliche Hilfe als Unterstützung an, ihr Vater hingegen empfindet sie als Unsinn, „angesichts Petras geistigen Niveaus", wie er sagt.

6. Gibt es in Ihrer Umgebung Vorurteile in Bezug auf die Sexualität und die Beziehungen von Menschen mit einer geistigen Behinderung?

7. Formulieren Sie schriftlich Ihren Standpunkt zum Thema Sexualität und Beziehungen bei Menschen mit einer geistigen Behinderung. Gibt es in Ihrem Team unterschiedliche Einstellungen und wenn ja, was sind die Hintergründe?

3. Die Bedeutsamkeit unserer eigenen Grundeinstellung zur Sexualität und zu Beziehungen bei Menschen mit einer geistigen Behinderung

3.1 Einführung

In diesem Kapitel möchte ich auf die wichtige Frage unserer eigenen Grundeinstellung eingehen: Denn wie wir Menschen begegnen, hängt stark von dem Menschenbild ab, welches unserem Denken und Handeln zugrunde liegt. Ein weiteres Thema ist die Verletzbarkeit von Menschen mit einer geistigen Behinderung. Dass es diese Verletzbarkeit gibt, macht deutlich, wie wichtig es ist, dass wir uns mit unserer Grundeinstellung beschäftigen. Deshalb soll hier eine solche vorgestellt werden, mit deren Hilfe wir unser praktisches Handeln steuern können. Anschließend untersuche ich den Begriff der „Grundhaltung" näher. Dabei wird sich zeigen, dass die Grundeinstellung einer näher zu spezifizierenden Grundhaltung bedarf, damit wir Menschen mit einer geistigen Behinderung angemessen begegnen können. Auf der Grundlage dieser Überlegungen skizziere ich eine adäquate Grundeinstellung zur Sexualität und zu Beziehungen von Menschen mit einer geistigen Behinderung, die in den danach folgenden Kapiteln noch weiter ausgearbeitet werden soll. Das Kapitel schließt mit Fragen und Anregungen zur Diskussion ab.

3.2 Die Bedeutsamkeit einer klaren, von allen mitgetragenen Einstellung

Wir alle entwickeln eine Einstellung gegenüber uns selbst und den Menschen, denen wir in unserem täglichen Leben begegnen. Mit dieser

Einstellung, diesem Raster im Hinterkopf, begegnen wir anderen Menschen. Wir senden ständig Signale aus, auf welche die anderen reagieren. Und es gilt: Keine Antwort ist auch eine Antwort. Unsere Einstellung bestimmt unser Tun. Stellen Sie sich einmal vor, Sie befänden sich in einer Gruppe. Wenn Sie dort scharf beobachten und gut zuhören, wenn Sie empfänglich sind für die Signale aus ihrer Umgebung, können Sie versuchen herauszufinden, was diese Umgebung über Sie denkt. Verbal und nonverbal verraten wir etwas über das Bild, das wir uns von den anderen Menschen gemacht haben. Es bestimmt unser Verhalten. Daher ist es wichtig, dass wir uns damit auseinander setzen, inwieweit uns das Bild, das wir von anderen haben, überhaupt bewusst ist. Dabei sollten wir uns auch damit beschäftigen, inwiefern unsere eigenen Probleme das Bild des anderen beeinflußen *(Projektion)*.

Wenn die gezielte, überlegte und systematische Beeinflussung von Menschen und menschlichen (auch sexuellen) Beziehungen zu unseren beruflichen Aufgaben gehört, dann ist es entscheidend wichtig, dass wir uns unserer eigenen Einstellungen bewusst werden. Der Umgang mit Menschen mit einer geistigen Behinderung erfordert in vielen Situationen einen professionellen Zugang. Daher dürfen wir uns selbst und unsere Einstellung nicht außer Acht lassen.

Menschen mit einer geistigen Behinderung sind, angesichts ihrer – relativen – Verletzbarkeit (siehe Abschnitt 3.3), von der Einstellung derjenigen abhängig, die eine (professionelle) Beziehung mit ihnen eingehen. Die eigene Einstellung sollte von allen, die mit diesen Menschen zu tun haben, reflektiert werden, um Handlungsmaximen zu erarbeiten: So wollen wir mit diesen Menschen umgehen, und zwar aus diesen und jenen Gründen. Wenn diese neue, gemeinsam erreichte Einstellung anschließend von allen mitgetragen wird, erfährt der Klient Eindeutigkeit – und Willkür ist so weit wie möglich ausgeschlossen.

3.3 Die Verletzbarkeit von Menschen mit einer geistigen Behinderung

3.3.1 Einführung

Wenn der Erziehungsprozess normal verläuft, löst sich ein Kind schrittweise von seinen Erziehern: Es verlässt zu einem bestimmten Zeitpunkt das Elternhaus und ist in der Lage, sich sein eigenes Leben einzurichten. Bei Menschen mit einer geistigen Behinderung vollzieht sich dieser Prozess nicht derart selbstverständlich: Sie bleiben – mehr oder weniger – eine ziemlich verletzbare Gruppe und sind daher für gewöhnlich von uns abhängiger als Menschen ohne Behinderung. Sie brauchen größere Unterstützung, damit sie sich in der Gesellschaft behaupten können und ein Gefühl der Unabhängigkeit bekommen. Diese Abhängigkeit macht noch einmal deutlich, von welcher Bedeutung unsere eigene Grundeinstellung ist.

3.3.2 Von der Abhängigkeit zur Unabhängigkeit

Das Spannungsfeld zwischen Abhängigkeit und Unabhängigkeit wird es immer geben. Die meisten von uns wollen gerne so unabhängig wie möglich sein und sich sagen: „Ich kann mir selbst helfen." Wir empfinden ein Gefühl von Macht und Stolz, wenn wir selbst Entscheidungen treffen und die Verantwortung dafür übernehmen können. Aber wollen wir nicht auch zu einem anderen Menschen gehören und eine Beziehung mit ihm eingehen? Ein Gefühl von Zusammengehörigkeit spüren und Aufmerksamkeit bekommen ist unweigerlich mit einer Form der Abhängigkeit verbunden. Diese Abhängigkeit kann in uns ein befriedigendes Gefühl auslösen, zugleich aber auch Angst vor den beengenden Fesseln der eingegangenen Beziehung. Van Haaren spricht daher von „einer Angst vor der Einsamkeit und einer Angst vor der Gemeinsamkeit" (Van Haaren, 1986).

Das Zitat könnte das Leitmotiv eines modernen Romans über die alltäglichen Vorkommnisse in einer modernen Beziehung sein – „Ich brauche dich, aber ich möchte auch mein Gefühl der Freiheit nicht verlieren." Freiheit und Verbundenheit spüren, den Spielraum in einer Beziehung erleben: Häufig ist es ziemlich schwierig, mit diesem Spannungsfeld umzugehen.

Der Erziehungsprozess eines Kindes beginnt mit völliger Abhängigkeit, denn ein Baby ist seinen Eltern ausgeliefert. Auf den Eltern ruht die Verantwortung, das Kind in einem langwierigen Prozess zur Unabhängigkeit zu führen und es in diesem Prozess zu begleiten. Babys und kleine Kinder sind ziemlich lange von ihren Erziehern abhängig. Der Einfluss, den Eltern vor allem in den ersten Lebensjahren auf ihren Sohn oder ihre Tochter ausüben, ist für das momentane und zukünftige Wohlbefinden des Kindes ausschlaggebend.

Wenn die Eltern zuverlässig, eindeutig und konsequent mit ihrem Kind umgehen und dies vor allem mit viel Wärme und Zuneigung tun, wird das dem Kind zugute kommen. Das Kind wird Sicherheit und Geborgenheit empfinden. Es kann, in Folge dieser Erfahrungen, mit dem Wissen in die Welt hinausziehen, dass es bei unerwarteten Schwierigkeiten die Sicherheit von Vater oder Mutter schnell wiederfinden wird. „Ich kann immer zu meinem Vater oder meiner Mutter flüchten", lautet das Gefühl. Das Vertrauen in einen anderen sorgt für unser Selbstvertrauen.

In den darauf folgenden Entwicklungsphasen beginnen die Eltern, Anforderungen an ihr Kind zu stellen. Diese sollten jedoch den Möglichkeiten des Kindes, seinem Leistungsniveau, entsprechen. Die Eltern haben ein Ideal im Hinterkopf und lavieren geschickt zwischen dem Festlegen von Normen und Werten, dem Beibringen von Regeln *(Sozialisierung)* und dem Gewähren von Spielraum Wenn der Prozess gut verläuft, bewegt sich das Kind in einem Rahmen, in dem es das Gefühl behält, frei zu sein: „Ich kann mit meinen neuen Möglichkeiten experimentieren, aber zum Glück weiß ich auch, woran ich bin."

Dieser langwierige Prozess führt zur Unabhängigkeit. Wenn wir schließlich, dank der Haltung unserer Erzieher, ein solides Selbstvertrauen aufgebaut haben, dürfen wir in die für uns immer größer werdende Welt hinausziehen. Dort müssen wir Spannungen verarbeiten und so einige Stöße vertragen können. Aber dank der konsequenten Haltung unserer Erzieher können wir immer auf uns selbst zurückfallen.

Dank ihrer Zuverlässigkeit und Geschicklichkeit sind wir ein Mensch geworden, der Selbstvertrauen ausstrahlt.

Abhängigkeit ist, wie wir gesehen haben, an sich nichts Negatives. Abhängigkeit ist zunächst unentbehrliche Voraussetzung, um Unabhängigkeit, eines der Ziele unserer Erziehung, zu erreichen. Wenn wir die erwünschte Unabhängigkeit erreicht haben, können wir, unter Rücksichtnahme auf die Menschen um uns herum, selbst bestimmen, wie wir unser Leben einrichten wollen. Wir haben Verantwortungsgefühl entwickelt und können selbst bestimmen, welche Entscheidungen wir treffen, ohne dass wir anderen damit schaden. Die Möglichkeit, eigene Entscheidungen zu treffen, gibt uns ein gutes Gefühl: Ich kann selbst bestimmen, kann Einfluss ausüben und habe Macht über mich selbst und über andere.

3.3.3 Die Verletzbarkeit von Menschen mit einer geistigen Behinderung

Menschen mit einer geistigen Behinderung entwickeln sich in der Regel zu weniger unabhängigen Menschen als Menschen ohne Behinderung. Sie können, im Vergleich zu Menschen ohne geistige Behinderung, in geringerem Maße an ihr geistiges Vermögen appellieren, da ihre Entwicklung nicht so weit fortgeschritten ist. Oft ist bei ihnen auch von einer auffälligen Diskrepanz in der Intelligenzstruktur zwischen den verbalen Fähigkeiten und der Handlungsfähigkeit die Rede, was einen unausgeglichenen Intelligenzaufbau zur Folge hat. Das kann im Umgang mit ihnen zu peinlichen Missverständnissen führen, die ihre Verletzbarkeit deutlich machen.

So können wir uns z.b. leicht von jemandem in die Irre leiten lassen, der fesch aussieht und allerlei Fähigkeiten besitzt, im Gespräch mit uns jedoch ständig feststellen muss, dass er eigentlich nichts versteht. Wir merken zunächst vielleicht nichts davon, aber unser Gesprächspartner ist eindeutig überfordert. Eine solche Überforderung darf nicht zu lange anhalten, da sonst große Probleme entstehen können.

Eine bekannte Dreiteilung der Persönlichkeitsstruktur ist diejenige in geistige, soziale und emotionale Komponenten. Wenn diese drei

Komponenten miteinander im Gleichgewicht stehen, ist von einem harmonischen Persönlichkeitsaufbau die Rede. Oft ist dieser Aufbau jedoch gar nicht so harmonisch, wie zum Beispiel bei Menschen mit einer geistigen Behinderung.

Martin kann einfache Gespräche führen. Er redet in kurzen Sätzen, bezieht seinen Gesprächspartner ins Gespräch mit ein und reagiert auf ihn. Er ist sehr sozial eingestellt und fühlt sich für das Wohlbefinden seiner Mitbewohner verantwortlich. Er will es anderen immer recht machen. In diesem Sinne macht Martin einen guten Eindruck. Auf emotionalem Gebiet ist er jedoch schnell überfordert und wenig belastbar. Alles, was er in seiner Umgebung hört, nimmt er auf, und das wird für ihn zu einem Problem. Die größten Schwierigkeiten bereiten ihm sexuelle Reize, z.b. Filme im Fernsehen, Werbesendungen und Zeitungsannoncen. Er frisst diese Informationen in sich hinein und bezieht alles auf sich und die Menschen in seiner Umgebung. Er beginnt zu grübeln, zu fantasieren und seine Gedanken verwirren sich. Martin muss daher oft in Schutz genommen werden.

Die sozialen Fähigkeiten von Menschen mit einer geistigen Behinderung sind für gewöhnlich nicht so weit entwickelt wie die von Menschen ohne Behinderung. Soziale Fähigkeiten können als das Maß beschrieben werden, mit dem wir uns an die Anforderungen, die unsere Umgebung an uns stellt, anpassen können (Kraijer, 1982). Diese Umgebung ist in den letzten Jahrzehnten immer anspruchsvoller geworden, und dadurch haben immer mehr Menschen das Nachsehen. Wenn wir nicht lesen und schreiben können, hilfsbedürftig sind und uns bei alltäglichen Dingen geholfen werden muss, haben wir uns selbst und die Umgebung, in der wir leben, nicht so gut im Griff.

Viele Menschen mit einer geistigen Behinderung können ihre Abwehrmechanismen nicht effektiv nutzen. Wenn wir uns anschauen, wie oft sexueller Missbrauch vorkommt, dann können wir feststellen, dass auch Menschen ohne eine solche Behinderung auffällig oft darin verwickelt sind. Im Allgemeinen haben wir uns jedoch gut unter Kontrolle. Manche Menschen mit einer geistigen Behinderung brauchen aber ein „externes Gewissen", sie bedürfen der Unterstützung von anderen, die regulierend für sie auftreten. Mit dieser Steuerung und mit regelmäßiger Aufmerksamkeit aus ihrer Umgebung können sich diese Menschen jedoch gut unter Kontrolle halten.

Ein paar Mal pro Woche lobt der Betreuer Klaus dafür, dass er nicht mehr mit seinen Händen unter den Blusen seiner Mitbewohnerinnen herumfummelt. Wenn dies doch einmal geschieht, muss Klaus sich eine Standpauke anhören. Darauf reagiert Klaus sehr empfindlich.

Die Eltern eines Menschen mit einer geistigen Behinderung kommen – unter anderem – mit den oben beschriebenen Situationen in Berührung, die zu schwierigen Momenten in der Erziehung führen können. Erziehung beschreibt die Kunst, einerseits genug Raum zum Experimentieren zu gewähren, andererseits eindeutige Grenzen zu setzen, und dies unter Berücksichtigung des jeweiligen individuellen Leistungsniveaus. Zwischen beiden Extremen sollte zudem ein ausgewogenes Verhältnis herrschen. Das allein ist schon ziemlich schwierig; zusammen mit den oben genannten Faktoren wird es noch schwieriger. Wir können nur schwer einschätzen, was jemand braucht, um ein Gefühl der Unabhängigkeit und Macht zu bekommen. Wenn Eltern große Probleme damit haben, dass ihr Kind geistig behindert ist, und sie diese Tatsache nur schwer akzeptieren können, kann es schnell passieren, dass sie mit den besten Absichten ihr Kind zu sehr behüten oder überfordern. In dem einen Fall geben sie zu wenig Spielraum für die Entwicklung, im anderen Fall zu viel. Die Verletzbarkeit des Kindes wird dadurch verstärkt.

Diese Tatsachen zeigen, dass Menschen mit einer geistigen Behinderung oft nicht so unabhängig im Leben stehen wie Menschen ohne Behinderung.

3.3.4 Verletzbar und doch unabhängig

Wenn wir lediglich die Faktoren betrachten, die zur Verletzbarkeit von Menschen mit einer geistigen Behinderung beitragen, sehen wir diese Menschen durch eine „negative Brille". Das ist überhaupt nicht meine Absicht, ganz im Gegenteil. Trotzdem möchte ich auf diese Tatsache hinweisen. Jemanden auf seine Unmöglichkeiten zu reduzieren ist keinesfalls realistisch: Es gibt immer eine Vielzahl von Möglichkeiten. Menschen mit einer geistigen Behinderung sind unsere Mitmenschen, sie sind genau wie wir Menschen mit Möglichkeiten (Elternvereine, 1989; Federatie van Oudervereingingen, 1989) und Bedürfnissen. Möglichkeiten können verwirklicht und Bedürfnisse befriedigt werden.

Es ist wichtig, diesen Gedanken zu verstehen und zu akzeptieren, weil wir dann erkennen, dass es zwischen Menschen mit und ohne geistige Behinderung viel mehr Gemeinsamkeiten gibt als Unterschiede. Dieser Ansatz ermöglicht uns Menschen mit einer geistigen Behinderung mit „anderen Augen" sehen zu können. Wir versuchen, so mit ihnen umzugehen, dass sie ihre Möglichkeiten entfalten können, ungeachtet ihres kognitiven Niveaus. Das ist auch möglich, wenn wir auf ihr individuelles Niveau eingehen, es verlangt jedoch großes Einfühlungsvermögen. Gelingt es uns, diesen Menschen eine Umgebung zu bieten, die Chancen und Möglichkeiten bereithält, ohne sie zu überfordern, dann zeigt sich, dass Menschen mit einer geistigen Behinderung auch ein Gefühl von Unabhängigkeit entwickeln können. Eine spezielle Erziehung und ein spezieller Umgang können letztendlich das gleiche Gefühl hervorrufen: „Das kann ich alleine." Es ist also ein besonderer Umgang nötig, um das Normale hervorzuheben. Diese Gedanken haben zur folgenden Grundeinstellung geführt.

3.4   Die Grundeinstellung

3.4.1   *Einführung*

In diesem Abschnitt skizziere ich eine mögliche Grundeinstellung zu Menschen mit einer geistigen Behinderung, denn unsere Grundeinstellung bildet immer den Ausgangspunkt für unser Denken. Anschließend entwickle ich aus dieser Grundeinstellung eine allgemeine Einstellung zur Sexualität und zu den Beziehungen von Menschen mit einer geistigen Behinderung. In zwei Teilabschnitten werde ich näher ausführen, dass ein Menschenbild immer zeit- und kontextgebunden ist, und danach ein Bezugssystem vorstellen.

3.4.2   *Die Grundeinstellung ist zeitgebunden*

Es ist bekannt, dass die Spartaner zu ihrer Zeit Babys, die in ihren Augen mißraten waren, von Felsen hinabwarfen. Dies gehört ebenso der Vergangenheit an wie die Zeiten eines Samuel G. Howe, der „geistige Gebrechlichkeit" als Erbfehler und Folge der Überschreitung der „natürlichen Gesetze des Menschen" betrachtete (Howe, 1848). Nach Howe mussten die Ursachen neben der schlechten physischen Konstitution eines Elternteils in Sünden wie übermäßigem Alkoholkonsum, Masturbation, Heirat unter Blutsverwandten und Abtreibungsversuchen gesucht werden.

Im 19. Jahrhundert wurden viele Anstalten errichtet worden, um Menschen mit einer geistigen Behinderung zu erziehen. In diesen außerhalb der Gesellschaft errichteten Anstalten entwickelte sich mit der Zeit eine bestimmte Form der ärztlichen Betreuung, nach der jeder aufgenommene Patient als krank galt. Er wurde in einer Gruppe gepflegt und als Teil dieser Gruppe angesehen. Die Mitglieder der Gruppe erhielten alle dieselbe Behandlung, Männer und Frauen wurden konsequent voneinander getrennt. All dies führte schnell zu Anpassung und Apathie.

Im Laufe des letzten Jahrhunderts entstand jedoch ein Erziehungsoptimismus, demzufolge mit einem guten Training und der Anwendung von bestimmten Methoden und Techniken sich bei vielen Menschen mit einer geistigen Behinderung die Entwicklung fördern ließe. Heutzutage hat sich die Einstellung zu Menschen mit einer geistigen Behinderung jedoch bereits erneut geändert.

Da wir die Produkte der Zeit sind, in der wir leben, sollten wir unsere jeweiligen historischen Zusammenhänge im Auge behalten, die unserem Bezugsrahmen zugrunde liegen, aus dem heraus wir Stellung nehmen und die Dinge bewerten.

3.4.3 Die Grundeinstellung ist kulturgebunden

Wir sind auch Produkte der Kultur, in der wir leben. In der einen Kultur ist der Prozess der Emanzipation und Individualisierung viel weiter entwickelt als in der anderen, was das Bild von uns selbst und anderen Menschen stark beeinflusst. In einer Gemeinschaft auf dem Dorf zum Beispiel, wo mit den Händen gearbeitet wird, begegnet man Menschen mit einer geistigen Behinderung anders, sie fallen viel weniger auf. Kulturen unterscheiden sich in diesem Sinne stark voneinander, deshalb sind auch die Grundeinstellungen gegenüber anderen Menschen und ihrem Verhalten sehr unterschiedlich.

Das Bild von Menschen mit einer geistigen Behinderung kann sich sehr schnell ändern. Das ist manchmal nur schwer zu verstehen und kaum zu erklären. In den dreißiger und vierziger Jahren hat sich in Deutschland sehr schnell die „negative" Eugenik (Van Gennep, 1993) entwickelt. Viele Menschen mit einer geistigen Behinderung wurden in dieser Periode umgebracht.

Auch innerhalb der gleichen Kultur kann die Grundeinstellung zu Menschen sehr variieren. Menschen mit einer geistigen Behinderung werden zum Beispiel in der einen Gruppe stärker als „Behinderte" angesehen als in der anderen, und die Betroffenen spüren das. Wenn wir uns darüber hinaus bewusst machen, dass Menschen die Neigung haben, sich entsprechend dem Bild, das andere von ihnen haben, zu verhalten, sollte uns das nachdenklich stimmen.

Diese Unterschiede treffen natürlich auch auf ein Thema wie Sexualität und Beziehungen von Menschen mit einer geistigen Behinderung zu. Die eine Gruppe versteht das Thema als Teil des Lebens, die andere will nichts davon wissen. In dem einen Zusammenhang werden Menschen als sexuelle Wesen gesehen, im anderen Zusammenhang nicht. Deshalb ist es wichtig, dass wir den gesellschaftlichen Zusammenhang, in dem wir uns befinden, nicht aus den Augen verlieren.

3.4.4 Das Bezugssystem: ein Vorschlag

3.4.4.1 Normalisierung, Integration, Emanzipation und Selbstständigkeit

Diese vier Begriffe tauchen in der letzten Zeit sehr häufig in der Literatur auf. Sie spiegeln eine bestimmte Grundeinstellung gegenüber Menschen mit einer geistigen Behinderung wider.

„Stark vereinfacht geht es bei dem Begriff Normalisierung um die Frage, ob wir Menschen mit einer geistigen Behinderung (in verschiedenen Bereichen) so begegnen, wie wir wünschen, dass man auch uns begegnet" (Bosch, 1994a). Wenn wir uns in die Lage des anderen versetzen, müssen wir uns die Frage stellen: „Will ich so leben?" Darüber hinaus ist es von Gewicht, ob wir diesen Menschen zuerst einzeln oder in der Gruppe begegnen, ob sie mit Menschen des anderen Geschlechts zusammenleben und ob sie die Möglichkeiten haben, ihre sexuellen Bedürfnisse – wenn vorhanden – zu befriedigen. Können sie in den Urlaub fahren und einen Tagesablauf genießen, den wir auch gerne hätten? Haben sie eine normale Arbeit? Können sie den Partner wählen, den sie lieben, und bekommen sie die Chance, mit diesem Partner eine sexuelle Beziehung aufzubauen?

Es ist nicht das Ziel dieser Vorgehensweise, unsere Lebensauffassung wie eine Schablone über das Lebens eines anderen zu legen und zu erwarten, dass der andere dem entsprechen müsse. Damit würden wir Druck auf andere ausüben, der so nicht gewollt ist, und die Eigenheiten der Menschen zunichte machen. Es geht hier schließlich darum, was ich tun *kann,* und nicht, was ich tun *muss.* Das Normalisierungsprinzip drückt aus, dass wir alle Mitmenschen sind; Normalisierung macht den Weg zur Integration frei. Integration kann als möglichst normale Teilnahme an der Gesellschaft beschrieben werden. Ein Mensch mit oder ohne Behinderung kann also zum Beispiel normale Einrichtungen und die öffentlichen Verkehrsmittel benutzen, in ein Kino oder Café gehen, eine Prostituierte aufsuchen, in einem normalen Wohnviertel wohnen (mit anderen oder allein) – in kleinem Maßstab, wie das alle machen. Jeder kann auf der Warteliste für eine Wohnung stehen, ohne gleich als Härtefall behandelt zu werden. Jeder kann im Supermarkt einkaufen: Kaffee, Käse und Kondome. Und jeder kann am Arbeitsleben teilnehmen.

Emanzipation steht für die Möglichkeit, sich genauso von einer unterdrückenden Macht befreien zu können wie jeder andere. Jeder soll die gleichen Rechte haben, wie z.b. beim Wohnen und Arbeiten, in der Freizeit und im Unterricht. Dazu gehört auch die Sexualität: Bekommen Menschen mit einer geistigen Behinderung auch Gelegenheit, sich ihren Möglichkeiten entsprechend auf sexuellem Gebiet zu entfalten? Emanzipation hat mit dem Selbstbestimmungsrecht zu tun. Es ist wichtig zu sehen, inwieweit Menschen mit einer geistigen Behinderung entsprechend ihrer Möglichkeiten eine Wahl treffen und selbst entscheiden können, auch auf sexuellem Gebiet. Wir müssen uns dabei in die Lage der Betroffenen versetzen: Wenn jemand diese Entscheidung für mich treffen würde, wie würde ich mich dann fühlen, wäre ich mit dieser Entscheidung glücklich? Selbst bestimmen zu können verschafft ein positives Selbstwertgefühl. Wie viel nehmen wir Menschen mit einer geistigen Behinderung aus der Hand? Und wie groß ist unsere Bevormundung?

Beim Begriff der Selbstständigkeit denke ich an den Satz: „Was du selbst kannst, machst du auch selbst." Das klingt zwar logisch, in der Praxis ist es aber oft schwer herauszufinden, was jemand selber kann. Außerdem ist die Umgebung des Betroffenen oft zu besorgt und beschützt ihn zu sehr. Das prinzipielle Ziel ist aber eindeutig: So normal wie möglich, nur besonders, wenn nötig. Die Umgebung sollte erst dann eingreifen, wenn der andere allein nicht weiterkommt. Zuerst sollte er oder sie versuchen, für sich selbst zu sorgen, dann freiwillige Betreuung in Anspruch nehmen und danach erst auf die professionelle zurückgreifen. Wenn dies auf verantwortungsvolle Art und Weise geschieht, werden wir der menschlichen Würde gerecht, auch auf sexuellem Gebiet.

3.4.4.2 Die Bedeutung des Verhaltens

Mit Hilfe ihres Verhaltens zeigen Menschen einander, was sie denken und fühlen. Als Betreuer können wir uns an diesem Verhalten orientieren, wir können uns aber auch durch unsere äußerlichen Wahrnehmungen (irre-)führen lassen.

Über ihr Verhalten kommunizieren Menschen miteinander, sie erzählen eine Geschichte und teilen einander mit, wie sie im Leben stehen. Hinter jedem Verhalten verbirgt sich eine individuelle Bedeutung, ein bestimmter Sinn und ein Signal. Wenn wir alle Bedeutungen zusammennehmen, erzählt uns jeder Mensch seine eigene Geschichte und seine eigene Vergangenheit. Jeder hat seine eigene Art, sich uns mitzuteilen, denn jeder Mensch ist einzigartig. Es ist unsere Entscheidung, ob wir das akzeptieren wollen oder nicht, ob wir diese einmalige Bedeutung verstehen wollen oder nicht. Unsere Entscheidung spiegelt eine bestimmte Grundeinstellung wider, von der Menschen mit einer geistigen Behinderung abhängig sind.

René (40) behält im Wohnzimmer immer seine Jacke an. Eine gut gemeinte Aufforderung von den Betreuern und Mitbewohnern, seine Jacke auszuziehen, ruft bei René großen Widerstand und eine riesige Angst hervor: Er beginnt zu schreien. Früher ist er wiederholt vor die Tür gesetzt worden. Wenn er nach Hause kam, wurde er nicht willkommen geheißen, sondern bekam die schlimmsten Verwünschungen an den Kopf geworfen. Danach ist er von einer Auffangadresse zur anderen gezogen.

Mit seiner Jacke fühlt René sich sicherer. Er kann sofort gehen, wenn er will.

Wenn die Betreuer ihn nicht unter Druck setzen, fühlt sich René nicht so bedroht. Vielleicht klappt es ja später mal, überlegen die Betreuer, wenn René etwas mehr Vertrauen zu uns gewonnen hat. Die Jacke selbst ist gar nicht so wichtig, aber ihre symbolische Bedeutung. Dank dieser Einstellung fühlt sich René akzeptiert, er wird ernst genommen.

Wenn wir die oben angeführte Geschichte so akzeptieren können, teilen wir die Meinung, dass Menschen Subjekte sind. Als Subjekte erfahren und interpretieren Menschen die Wirklichkeit auf ihre eigene Art und Weise und messen ihr eine spezifische Bedeutung zu. Sie teilen uns auf ihre besondere Art – mit Hilfe ihres Verhaltens – mit, wie sie die Wirklichkeit erfahren. Jeder Mensch erfährt seine eigene Wahrheit, auch Menschen mit einer geistigen Behinderung. Für uns ist es oft schwer zu verstehen, was sie uns mit ihrem Verhalten sagen wollen. Außerdem stellt sich die Frage, ob wir ihr Verhalten überhaupt deuten wollen, vor allem wenn es um ein Thema wie Sexualität und Beziehungen geht.

> Miriam setzt sich immer zu Jan. Wenn die Betreuer ihr Verhalten richtig deuten, sagt ihnen das, dass sie ihn sehr mag. Jan aber weist Miriam grob zurück. Beobachtungen zeigen, dass dies immer dann geschieht, wenn andere Menschen in der Nähe sind. Jan hat eine Erziehung genossen, in der gegenseitiges Berühren als unanständig galt. Als die Betreuer noch einmal darüber reden, wird ihnen klar, dass Jan absolut nicht weiß, wie er sich verhalten soll. Eigentlich mag er Miriam auch sehr gern.

Es ist eine Kunst, die Bedeutung, die hinter einem Verhalten liegt, zu interpretieren. Es ist eine Herausforderung zu erforschen, wie diese Bedeutung aussieht und was ein Mensch uns mit seinem Verhalten sagen will. Mit Hilfe dieser Bedeutung können wir dann meistens verstehen, was der andere uns sagen will, wie er seinem Leben Gestalt gibt oder wie er seinem Leben mit unserer Hilfe Gestalt geben will. Es ist vor allem die Frage, ob wir uns durch das Verhalten dieser Menschen etwas sagen lassen (wollen) und ob wir dieses Verhalten deuten (wollen). Dabei spielt auch unsere eigene Grundhaltung eine Rolle, nämlich wie wir uns auf unsere eigene Weise ein Bild von den Menschen machen.

Wenn wir bereit sind auf diese Art und Weise die Bedeutung des Verhaltens einzigartiger Menschen zu verstehen, werden wir den Menschen mit einer geistigen Behinderung gerecht.

46

3.4.4.3 Akzeptanz

Es ist eine große Kunst, sich in die Erlebniswelt eines anderen zu versetzen. Aber wir können diese Kunst erlernen. Wenn wir versuchen, die Welt durch die Augen eines anderen zu sehen und in dessen Haut zu schlüpfen, bekommen wir die Chance, die einmalige Geschichte des anderen kennen zu lernen. Das Verständnis dafür, wie jemand sich in seiner Umgebung sieht, verlangt Akzeptanz. Sich in die Erlebniswelt eines anderen hineinversetzen zu wollen, zeugt von Respekt.

Respekt beinhaltet auch, dass verschiedene Lebensweisen nebeneinander bestehen können, solange die Menschen einander nicht schaden. Unterschiedliche Lebensweisen können friedlich nebeneinander existieren, ohne dass die Daseinsberechtigung einer der Lebensweisen bezweifelt wird.

Andere Menschen treffen möglicherweise ganz andere Entscheidungen als wir, auch auf dem Gebiet der Sexualität und der Beziehungen. Mit diesen Entscheidungen wären wir selbst vielleicht überhaupt nicht glücklich, aber dieser andere Mensch ist es anscheinend. Wenn der andere ausreichend Spielraum für seine eigenen Entscheidungen bekommt, fühlt er sich von uns akzeptiert. Diesen Spielraum müssen wir ihm geben. Das bedeutet, dass wir unsere eigenen Normen und Werte relativieren müssen und nicht krampfhaft daran festhalten dürfen. Wir dürfen unsere Normen und Werte nicht als die einzige Wahrheit auf das Leben eines anderen projizieren. Wenn wir damit aufhören, sind wir auch nicht so verkrampft und lassen den anderen ihn selbst sein.

Wenn wir uns selbst loslassen und uns Raum geben, bekommt der andere den Spielraum, den er verdient, um seiner Einzigartigkeit Gestalt geben zu können. Das verlangt von uns jedoch ein gewisses Maß an Selbstkenntnis.

3.5 Die Grundeinstellung bedarf einer spezifischen Grundhaltung

Es ist gut, seine eigene Grundhaltung zu kennen, denn mit dieser Haltung begegnen wir Menschen (z.b. mit einer geistigen Behinderung). Sie sind mehr oder weniger von unserer Grundhaltung abhängig, deshalb sollten wir die Wirkungsweise unseres Handelns kritisch beobachten. Unsere eigene Haltung hat viel mit unserem Selbst- und Menschenbild zu tun (Bosch, 2000). Wenn wir wissen, wer wir sind, verstehen wir auch besser, warum wir Menschen auf eine bestimmte Art und Weise begegnen. Und wir verstehen auch, was wir für diese anderen an unserer Haltung ändern müssen. Damit ist hoffentlich deutlich geworden, dass Akzeptanz Selbstakzeptanz erfordert.

In der Wohngruppe fummelt Erik ständig in seiner Hose herum, vor allem dann, wenn die Betreuerin Marion in der Nähe ist. Als Marion in einer Teamversammlung von ihren Kolleginnen und Kollegen aufgefordert wird, dazu Stellung zu nehmen, sagt sie, dass sie das Verhalten ignorieren will. Erik habe ihrer Meinung nach nicht das kognitive Niveau, sich sexuell wie ein Erwachsener entfalten zu können.

Die Mitglieder des Teams sind der Meinung, dass ein wenig sexuelle Aufklärung nicht schaden könne. Sie erkundigen sich nach dem Grund für Marions Haltung. Marion weiß darauf keine Antwort.

Marions Reaktion ist verständlich. Zunächst einmal fühlt sie sich unangenehm berührt, wenn sie Eriks Handlungen bemerkt. Zweitens geht sie einem Thema wie Sexualität gerne aus dem Weg: Es konfrontiert sie zu sehr mit ihrer eigenen Unsicherheit und ihrer Vergangenheit, die in großem Maße zu dieser Unsicherheit beigetragen hat.

Als das Team darüber spricht, kommen alle zu der Schlussfolgerung, dass Marion mit dieser Haltung Eriks sexueller Entfaltung im Wege steht. Ihre Hemmungen dürfen kein Hindernis für Eriks Entwicklung sein. Marion sieht das genauso.

Wenn Marion sich selbst den Raum gibt, ihre Gefühle in Bezug auf Sexualität kritisch zu betrachten, erkennt sie, dass sie einem anderen ihre eigenen Normen auferlegt. Durch ihre Verkrampfung nimmt sie Erik den Spielraum, sexuelle Aufklärung zu erhalten. Marion hat ein Recht auf ihre Verkrampfung, aber sie darf damit Eriks Entfaltung nicht im Wege stehen. Im Team wird daher beschlossen, Erik sexuelle Aufklärung zu erteilen und dabei auch Normen und Werten einen deutlichen Platz einzuräumen (z.b. Masturbieren nur im eigenen Zimmer).

Wenn Marion akzeptiert, dass ihr sexuelles Erleben ihr eigenes Erleben ist und dass Eriks Erleben ganz anders aussieht, kann sie auch sein Erleben akzeptieren. Damit wird der Weg frei, Eriks Fragen zu beantworten. Wenn wir wissen, wer wir sind, und die Wirkungsweise unseres Handelns richtig einschätzen, wissen wir auch, wo wir einem anderen im Wege stehen. So ermöglicht Selbstakzeptanz Akzeptanz.

3.6 Eine Grundeinstellung zur Sexualität und zu Beziehungen von Menschen mit einer geistigen Behinderung

In diesem Abschnitt werde ich eine Grundeinstellung zur Sexualität und zu Beziehungen von Menschen mit einer geistigen Behinderung skizzieren. Es handelt sich dabei um eine kurze Darstellung, einen Rahmen, den ich in den nachfolgenden Kapiteln anhand von Beispielen ausführlicher erläutern werde.

Menschen sind sexuelle Wesen
Vor einigen Jahren kam ich in eine Einrichtung, in der vierundzwanzig Menschen mit einer geistigen Behinderung lebten. Während eines Gesprächs mit dem Leiter dieser Einrichtung kamen wir ganz nebenbei auf das Thema Sexualität. „Unsere Bewohner kennen diese Bedürfnisse nicht", sagte der Leiter. „Unsere Bewohner", sagte er und was noch bemerkenswerter ist: „Sie kennen diese Bedürfnisse nicht." Von solchen Aussagen können Menschen mit einer geistigen Behinderung dummerweise ziemlich abhängig sein. Anderseits habe ich selbst gehört, wie eine Mitarbeiterin dieser Einrichtung über einen Bewohner sprach, der regelmäßig die Neigung zeigte, in „deutlich erregtem Zu-

stand" mit einer Mitbewohnerin „zusammenzustoßen". Und da sagt der Leiter: „Unsere Bewohner kennen diese Bedürfnisse nicht"!

Menschen sind, unter anderem, sexuelle Wesen. Sie haben in Bezug auf Sexualität und Beziehungen Bedürfnisse und Wünsche, das gilt auch für Menschen mit einer geistigen Behinderung *(Normalisierung)*. Jeder Mensch hat das Recht, sich sexuell zu entfalten *(Emanzipation)*. Sexualität kann als Bereicherung des Lebens gesehen werden, als Chance, sich selbst und andere zu genießen.

Bedürfnisse und Wünsche auf dem Gebiet der Sexualität und Beziehungen müssen als wichtige Signale aufgefasst werden. Signale können eine Aufforderung sein zum Nachdenken, zum Handeln oder zur Reaktion auf einen Hilferuf: ein methodisches Vorgehen ist erforderlich. Signale dürfen nicht vernachlässigt werden. Wir müssen uns fragen: Was erwartet dieser Mensch von uns auf diesem Gebiet?

Das bedeutet auch, dass wir einen Blick dafür haben müssen, wie Menschen mit einer geistigen Behinderung so etwas Fundamentales wie Sexualität erleben. Es ist eine große Herausforderung, uns in diese Menschen hineinzuversetzen *(Akzeptanz)*. Im fünften Kapitel gehe ich daher näher auf dieses Erleben ein.

Manchmal denken wir, dass Menschen mit einer geistigen Behinderung Phänomenen wie der Paarbildung und der Sexualität eine ganz andere Bedeutung zuschreiben als Menschen ohne geistige Behinderung. Möglicherweise verhalten sich manche von ihnen auf diesem Gebiet auch tatsächlich völlig anders. Vielleicht sind einige körperliche Äußerungen, denen man eine sexuelle Bedeutung zuschreiben könnte, überhaupt nicht als solche zu verstehen. Oft sind Menschen mit einer geistigen Behinderung viel körperbetonter eingestellt als Menschen ohne Behinderung. Welche Bedeutung können wir dieser Körperlichkeit zuschreiben? Sie kann sehr unterschiedlich sein, das kommt immer auf den einzelnen Menschen an.

Normen und Werte
Wenn wir über Sexualität und Beziehungen sprechen, spielen die eigenen Normen und Werte eine große Rolle. Äußerst wichtig sind die Normen und Werte der Betreuer, der Eltern und anderer, die eine Beziehung

zu Menschen mit einer geistigen Behinderung haben. Dieses Thema konfrontiert uns mit uns selbst. Von einem Team von Mitarbeitern kann erwartet werden, dass sie regelmäßig über Normen und Werte sprechen, denn mit diesen Ansichten im Hinterkopf begegnen sie anderen Menschen. Deshalb ist eine regelmäßige Auseinandersetzung mit dem Thema auch nicht zu viel verlangt. Es ist notwendig, dass wir uns selbst und die anderen gut kennen und dass wir kritisch beobachten, welchen Einfluss wir auf unsere Klienten ausüben. Das ist, vor allem am Anfang, sicherlich ziemlich schwierig; nicht jeder traut sich, anderen gegenüber Schwäche zu zeigen und sich eine Blöße zu geben. Menschen mit einer geistigen Behinderung aber haben ein Recht darauf und in einem sicheren Klima ist unsere anfängliche Scheu schnell verschwunden. Von einer Leiterin bzw. einem Leiter einer Einrichtung darf erwartet werden, dass sie/er die Grundvoraussetzungen für ein solches Klima schafft.

Es ist nicht einfach, die eigenen Normen und Werte hintanzustellen, schließlich handelt es sich doch um die eigenen Überzeugungen! Wir müssen aber versuchen, uns aktiv in die Lebens-, Gefühls- und Gedankenwelt des Menschen mit einer geistigen Behinderung hinein zu versetzen *(Akzeptanz)*. Sein Wohlbefinden steht im Mittelpunkt. Uns die Verwirklichung dieses Wohlbefindens kann möglicherweise mit ganz anderen Normen und Werten als den unseren erreicht werden. Im vierten Kapitel gehe ich noch einmal ausführlich auf diese ein.

Daneben ist das, was gesellschaftlich und sozial für akzeptabel gehalten wird, ein adäquater Maßstab *(Normalisierung)*. Damit will ich sagen, dass Menschen mit einer geistigen Behinderung nicht allzu sehr auffallen müssen, sie sind ja sowieso schon sehr verletzbar. Bei der Betreuung geraten daher Akzeptanz und Normalisierung manchmal in Konflikt miteinander. Gedanklicher Ausgangspunkt ist die Identität des einzelnen Menschen, aber inwiefern gerät die Identität dieses einen Menschen mit den vorherrschenden gesellschaftlichen Meinungen in Konflikt? Im vierten und fünften Kapitel führe ich einige praktische Beispiele für dieses Spannungsfeld an.

Individuelle Äußerungen der Sexualität
Es gibt allerlei individuelle Äußerungen der Sexualität, auf die wir achten sollten. Individuelle Lustbefriedigung wie Masturbation kann im

Prinzip als sinnvoll angesehen werden, als ein Teil der Intimität des Klienten oder der Klientin. Viele Menschen mit einer geistigen Behinderung befriedigen sich selbst. Einige zeigen das Bedürfnis, wissen jedoch nicht, wie es zu stillen wäre, oder es gelingt ihnen nicht. Das führt zur Ohnmacht beim Klienten, beim Betreuer oder bei beiden.

Hilfe bei der Selbstbefriedigung kann von einem Team nicht ständig verweigert werden, aber ihr muss natürlich eine Einschätzung des Hilfebedarfs vorausgehen. Ebenso wenig kann von einem Betreuer verlangt werden, bei einer Selbstbefriedigung seine Hilfe anzubieten. Ein Betreuer hat das Recht, diese Hilfe zu verweigern, doch ein Kollege könnte das für ihn übernehmen. Und derjenige kann dann natürlich den anderen bitten, diese Hilfeleistung doch noch zu erlernen. Hilfe bei der Selbstbefriedigung muss als Aufklärung angesehen werden. Sie hat aber keinesfalls zum Ziel, sexuelle Handlungen zwischen Betreuern und Klienten stattfinden zu lassen. Manche Menschen mit einer (schweren) geistigen Behinderung werden möglicherweise durch diese Einschränkung benachteiligt. Dieser Gesichtspunkt bedarf der besonderen Aufmerksamkeit und ist vielleicht auch ein Dilemma. Im Abschnitt 6.7 werde ich darauf zurückkommen.

Pornografie kann als Hilfsmittel dienen, um sexuelle Aktivitäten entfalten zu können. Der Einsatz von Pornografie sollte im Licht des individuellen Hilfebedarfs jedes einzelnen Menschen kritisch betrachtet werden. Für den einen kann Pornografie eine Bereicherung sein, für den anderen eine Überforderung.

Es gibt Menschen mit einer geistigen Behinderung (genau wie viele Menschen ohne eine solche Behinderung), die es schwierig finden, andere Menschen nicht zu berühren, auch dann, wenn die anderen nicht berührt werden wollen. Dies wird zu einer Betreuungsaufgabe. Dieser Begriff stellt bewusst die Anforderungen an die Betreuer und das Umfeld in den Vordergrund. Betreuer werden hier versuchen dem Klienten angemessene(re) Normen und Werte zu vermitteln. Wenn dies nicht ausreichend gelingt, wird eine wirksame Kontrolle notwendig.

Viele Menschen mit einer geistigen Behinderung sind leicht zu manipulieren. Das gilt besonders für den sexuellen Bereich, der auch ein Schwerpunkt unserer Betreuung ist. Von Betreuern darf erwartet werden, dass sie die Fähigkeit dieser Menschen verstärken, sich zu wehren und abzugrenzen. Wenn dies nicht gelingt, ist ausreichender Schutz notwendig. Es gibt eine Vielzahl von sexuellen Veranlagungen. Menschen (auch mit einer geistigen Behinderung) können lesbisch, homosexuell, bisexuell oder heterosexuell sein. Sie können das Bedürfnis zum Transvestismus in sich spüren oder den Wunsch hegen, als Transsexuelle(r) durchs Leben zu gehen. Kernpunkt ist, dass die sexuelle Veranlagung respektiert wird. Der individuelle Mensch mit seinen Wünschen und Bedürfnissen steht im Mittelpunkt. Der Zeitpunkt, bestimmte Entscheidungen abzulehnen, ist jedoch dann erreicht, wenn deutlich wird, dass jemand sich selbst oder anderen nachweislichen Schaden zufügt oder zufügen wird.

Beziehungen
Sexualität ist eine Möglichkeit der Vertiefung und Vervollkommnung einer Beziehung. Viele Menschen mit einer geistigen Behinderung verlieben sich und gehen eine Beziehung ein, die sinnvoll und außerordentlich bereichernd sein kann. Wenn zwei Menschen mit einer geistigen Behinderung sexuellen Kontakt miteinander haben, wird dies im Rahmen der Beziehung gesehen, die sie miteinander erleben. In einem guten Verhältnis herrscht ein gewisses Maß an Verständnis und Aufmerksamkeit für die Gefühle des Partners *(Respekt),* nicht aber Zwang. Eine sexuelle Beziehung kann, wenn es notwendig erscheint, betreut werden. Wenn der sexuelle Kontakt in einer sich entwickelnden Beziehung nicht gut zu sein scheint, entsteht eventuell eine Betreuungsaufgabe; die Betreuer und andere Experten müssen sich dann mit den Betroffenen an einen Tisch setzen und besprechen, wie die Betreuung aussehen muss oder kann.

Auch Menschen mit einer geistigen Behinderung können zusammen leben, verheiratet oder unverheiratet.

Sexueller Kontakt ohne Beziehung
Manche Menschen mit einer geistigen Behinderung haben das Bedürfnis nach sexuellem Kontakt, obwohl sie keine Beziehung haben. Reiner

Sex um des Sex willen oder Sex, um Wärme zu spüren. Deshalb gehen manche von ihnen, genau wie viele Menschen ohne eine geistige Behinderung, zu einer Prostituierten. Auch auf diesem Gebiet dürfen wir Menschen mit einer geistigen Behinderung die Betreuung nicht vorenthalten.

Aufklärung

Menschen mit einer geistigen Behinderung haben das Recht auf Aufklärung. Sexuelle Aufklärung kann sehr sinnvoll sein und zählt dann zu den Aufgaben der Betreuer. Sie kann inhaltlich viele Formen annehmen: Gespräche über Verliebtheit, über Techniken der Selbstbefriedigung, über Körperhygiene oder über die Benutzung eines Kondoms. Aufklärung kann auch das Körperbild einer Person betreffen; dies steht in engem Zusammenhang mit unserem Selbstbild. Auch die Betreuung einer Beziehung kann aufklärerisch sein, indem wir die Frage besprechen, wie wir aufeinander Rücksicht nehmen können. Weitere mögliche Aufklärungsthemen sind: wie wir einen Orgasmus bekommen, woher die Kinder kommen und wie wir für uns selbst einstehen können (Grenzen setzen). Sexuelle Aufklärung kann in Gruppen oder individuell erteilt werden, das sollte von den Betroffenen abhängig gemacht werden. Im sechsten Kapitel gehe ich ausführlicher auf die sexuelle Aufklärung ein.

Kontakte Klient – Betreuer

Kontakte zwischen Klienten und Betreuern gibt es viele – und das ist auch gut so. Die Beziehungen, die wir mit Menschen aufbauen, beinhalten Mechanismen zur Beeinflussung des anderen sowie Möglichkeiten, die Klienten pädagogisch zu betreuen. Viele Menschen mit einer geistigen Behinderung benutzen ihren Körper zur Kommunikation – das ist völlig in Ordnung. Diese Form der Kommunikation darf keinesfalls zurückgewiesen werden, ganz im Gegenteil: Mit Hilfe von Berührungen und unserer Körpersprache erzählen wir dem anderen mehr als mit Worten.

In der Beziehung zwischen Betreuern und Klienten werden manchmal auch erotische Gefühle geweckt oder Menschen verlieben sich ineinander. Das ist an und für sich logisch – nichts Menschliches ist ihnen und uns fremd. Es ist aber wichtig, dass wir uns dessen bewusst sind und diesem Punkt auch in Gesprächen nicht aus dem Wege gehen, denn Offenheit kann viele Unannehmlichkeiten verhindern.

Bewusst erotische Gefühle bei einem Klienten oder einer Klientin zu erwecken, ist unzulässig. Die Betreuer müssen sich deshalb gut überlegen, wie sie sich einem Klienten gegenüber verhalten. Ich werde mich im Abschnitt 7.8 ausführlicher mit den Gefühlen beschäftigen, die in der Interaktion zwischen Betreuer und Klient entstehen können.

Empfängnisverhütung
Wenn die Möglichkeit einer Schwangerschaft besteht, wird Empfängnisverhütung empfohlen. Die Betreuer und andere Personen können die Klienten darüber aufklären. Im Allgemeinen müssen wir davon ausgehen, dass Menschen mit einer geistigen Behinderung keine Kinder erziehen können. Ich bin mir bewusst, dass ich uns mit dieser Behauptung eine große Macht zuerkenne. Oder können einige dieser Menschen doch Kinder erziehen und haben ein Recht darauf? Die Erziehung zur eigenverantwortlichen Selbstbestimmung (das heißt, Einfluss auf sein eigenes Leben ausüben und dafür verantwortlich sein können) verlangt von den Erziehern ein gewisses Maß an eigenverantwortlicher Selbstbestimmung. In der letzten Zeit wird viel über Emanzipation und Selbstständigkeit gesprochen (siehe Abschnitt 3.4.4.1). Bin ich vielleicht zu resolut mit meiner oben angeführten Einschätzung der Erziehungsfähigkeit? Die Praxis zeigt, dass auch Menschen mit einer geistigen Behinderung eigene Kinder haben. In manchen Situationen verläuft der Erziehungsprozess gut, in anderen nur mit Hilfe von Betreuern mit (großen) Schwierigkeiten, in manchen verläuft er ganz hervorragend und in anderen wiederum läuft vieles verkehrt – was für eine Vielfalt! In einem geplanten Buch über ethische Fragen in der Betreuung hoffe ich, ausführlicher auf dieses Thema eingehen zu können.

3.7 Diskussionspunkte und Aufgaben

1. Erziehung verfolgt einen Weg von der Abhängigkeit zur Unabhängigkeit. Erkennen Sie das Gefühl der Spannungen zwischen Abhängigkeit und Unabhängigkeit, zwischen Einsamkeit und Gemeinsamkeit, zwischen Freiheit und Gebundenheit wieder?

2. „Menschen mit einer geistigen Behinderung sind so verletzbar, dass wir ihnen auf sexuellem Gebiet nicht so viel Raum geben sollten. Damit verhindern wir viele Probleme." Bilden Sie zwei Gruppen. Die eine Gruppe verteidigt diese These, die andere argumentiert dagegen. Versuchen Sie anschließend, zu einem fundierten und differenzierten Urteil zu kommen.

3. Inwiefern wird Ihr Bild über (die Sexualität und die Beziehungen von) Menschen mit einer geistigen Behinderung durch den Kontext, in dem Sie leben, geprägt? Sind die Kontexte innerhalb ihrer Gruppe unterschiedlich? Was hat das für Auswirkungen auf die Menschen, die von Ihnen abhängig sind?

4. Versuchen Sie der Gruppe zu erklären, wie in Ihrer Begegnung mit Menschen mit einer geistigen Behinderung die Begriffe Normalisierung, Integration, Emanzipation, Selbstständigkeit, die Bedeutung von Verhalten und Akzeptanz angemessen berücksichtigt werden.

5. Stellen Sie sich vor, Sie werden mit einem Klienten konfrontiert, der immer, wenn Sie in seine Nähe kommen, mit seiner Hand in seiner Hose herumfummelt. Welche Gefühle weckt dieses Verhalten bei Ihnen? Erläutern Sie Ihren Gruppenteilnehmern, wie Sie reagieren würden.

6. Besprechen Sie in der Gruppe diesen ersten (kurz gefassten) Rahmen zu der Sexualität und den Beziehungen von Menschen mit einer geistigen Behinderung.

4. Normen und Werte

4.1 Einführung

Menschen mit einer geistigen Behinderung bewirken häufig, dass wir uns stärker mit uns selbst auseinander setzen, besonders dann, wenn es um Sexualität und Beziehungen geht. Das liegt daran, dass unsere eigenen Gefühle, Auffassungen, Bedürfnisse, Normen und Werte bei der Begegnung mit ihnen eine so zentrale Rolle spielen. Jeder Mensch hat ganz individuelle Normen und Werte, sollte sich aber der Tatsache bewusst sein, dass diese in jeder Diskussion implizit auftauchen. Ist das Bewusstsein dafür einmal geschaffen, wird es leichter, Verständnis für andere aufzubringen. Ich werde daher im Abschnitt 4.2 noch einmal ausführlich auf unsere individuellen Normen und Werte eingehen. Anschließend werden auch die Vorurteile noch einmal zur Sprache kommen (Abschnitt 4.3).

Im Abschnitt 4.4 erläutere ich näher, warum im Umgang mit Menschen mit einer geistigen Behinderung eine gewisse Einheitlichkeit und Klarheit erforderlich ist, um der Vielfalt dieser Menschen gerecht werden zu können. Ausgangspunkt des Denkansatzes bleibt aber der individuelle Klient, wie ich es bereits im vorhergehenden Kapitel beschrieben habe.

Im Abschnitt 4.5 werde ich mich mit der Frage beschäftigen, inwiefern der Klient die Norm ist. In diesem Zusammenhang möchte ich auch noch einmal betonen, dass der Ausgangspunkt des Denkens immer der individuelle Mensch sein sollte. Des Weiteren werde ich in diesem Abschnitt auf die Frage eingehen, wie gleichberechtigt wir uns wirklich begegnen.

Im Abschnitt 4.6 wird es darum gehen, wie wichtig es ist, dieses Thema regelmäßig in einem Mitarbeiterteam zu besprechen. Abschließend finden Sie Anregungen zur Diskussion.

4.2 Unterschiedliche Normen und Werte

4.2.1 Unsere eigene Sozialisations- und Entwicklungsgeschichte

Wir sollten uns immer wieder die Tatsache bewusst machen, dass uns Menschen mit einer geistigen Behinderung einen Spiegel vorhalten. Wir fühlen uns für sie verantwortlich und versuchen, so gut wie möglich in ihrem Sinne zu handeln. Sie sind ja auch davon abhängig. Daneben orientiert sich unser Handeln aber auch an unseren eigenen Vorstellungen und ist stark von unserem Selbstbild geprägt. Wir sollten uns daher darüber Gedanken machen, wie wir uns selbst auf dem Gebiet der Sexualität und Beziehungen verhalten. Kennen wir uns wirklich gut, was dieses Thema angeht? Wissen wir, welchen Einfluss unser Handeln auf die uns anvertrauten Menschen hat und wie wir sie durch unser Handeln bereichern können? Beim Nachdenken darüber, wie wir das Leben eines anderen (zum Teil) mitgestalten können, sollten wir nicht die Gestaltung unseres eigenen Lebens aus den Augen verlieren.

Unsere eigene Sozialisations- und Entwicklungsgeschichte und unsere sexuellen Erfahrungen tragen viel zu unserer Persönlichkeit bei. Manche Menschen sind sehr frei erzogen worden, andere eher streng. In der einen Familie wurde offen über Sex und alle damit zusammenhängenden Themen gesprochen, in der anderen Familie war der Themenkomplex tabu. Der eine wurde vielleicht so ausführlich aufgeklärt, dass all seine Fragen beantwortet wurden, die andere hat fast nichts darüber zu hören bekommen, es sei denn durch Freundinnen und Freunde oder im Biologieunterricht. Und auch dort gibt es Lehrer, die alles frei und offen erklären, und andere, die sich auf die technische Darstellung der Ei- und der Samenzelle beschränken. Dabei handelt es sich um ein Kapitel in unserer Erziehung, das uns sehr geprägt hat. Es bildet den Hintergrund zu unserem eigenen Erleben und hat uns zu einem sehr großen Teil geformt oder eben auch verformt. Dessen sollten wir uns bewusst sein, weil wir vor dem Hintergrund unserer eigenen Geschichte anderen begegnen.

Wie war das bei uns? War das Thema Sexualität mit Verboten verbunden oder war es einfach nur geheimnisvoll? Oder wurde etwa überhaupt nicht darüber gesprochen? Vielleicht wurde Sexualität aber auch
vor allem mit Reichtum, Spannung und ungeahnten Möglichkeiten in
Verbindung gebracht? Es ist sehr aufschlussreich zu sehen, ob unsere
Erziehung in erster Linie von Angst oder von Freiheit geprägt war.
Ist es nicht so, dass wir in gewissem Sinne unsere Erziehung immer
mit uns herumtragen und sie nicht verleugnen können? Oder können
Sie sie einfach so abschütteln?

Ich spreche regelmäßig mit Betreuern von Menschen mit einer geistigen
Behinderung über ihre eigene Erziehung und somit auch über ihr Verhältnis zur Sexualität. Gemeinsam erforschen wir unser heutiges Verhalten und dessen Bedeutung. Dabei liefert unsere persönliche Vergangenheit oft Anhaltspunkte für ein besseres Verständnis.

Peter und die anderen Teammitglieder sind sich in der Auffassung
einig, dass Peter kein Problem damit hat, offen über intime Dinge
zu sprechen und sich anderen mitzuteilen. Sein Verhalten spiegelt
seine eigene Erziehung wider. Er erzählt, seine Eltern hätten sich
ihm und seinen Geschwistern gegenüber immer klar und eindeutig
verhalten und ihnen viel Raum gegeben. Als Kind hat er oft mit seinen Eltern gebadet. Die ganze Familie lief nackt im Haus herum und
hatte nichts voreinander zu verbergen. Peter wurde auch sexuell aufgeklärt, er kann sich noch an zahlreiche Gespräche mit seinem Vater
während der Pubertät erinnern, über Masturbation, Verliebtsein und
über Mädchen. „Du brauchst dich nicht zu schämen", war ein häufiger Satz seines Vaters, „mit Scham schadest du dir nur selbst." Der
sexuelle Umgang mit Mädchen war für Peters Eltern völlig in Ordnung, vorausgesetzt, dass es sich um eine Beziehung handelte, die
auf gegenseitigem Verständnis beruhte. Peter kommt auch heute
noch gerne zu seinen Eltern nach Hause, sie respektieren sich gegenseitig.

Marianne ist auf sexuellem Gebiet auffallend schüchtern. Am letzten
Kursabend erzählt sie, dass in ihrem Elternhaus niemals über diese

Dinge gesprochen wurde. Sie erinnert sich noch, dass sie nicht einmal an Sexualität denken durfte, erst recht nicht daran, diese vielleicht auch auszuüben. Das Ganze wurde ihr aus einer biblischen, religiösen Perspektive heraus deutlich gemacht, ohne dass irgendein Thema explizit angesprochen worden wäre. Als Marianne dann bemerkte, dass das Stimulieren ihrer Klitoris angenehme Gefühle in ihr weckte, spürte sie zugleich eine große Angst: Sie hatte das Gefühl, dass sich das nicht gehörte, dass es nicht erlaubt sei. Die Folge waren Identitätsprobleme, wie sie für viele Menschen während der Pubertät kennzeichnend sind.

Heute kommt Marianne bei ihrer Arbeit häufig mit Menschen in Kontakt, die Fragen zur Sexualität stellen und Hilfe brauchen. So hat zum Beispiel eine Bewohnerin des Hauses, in dem Marianne arbeitet, zum ersten Mal ihre Menstruation bekommen und weiß gar nicht, was passiert ist.

Eine andere Bewohnerin verliebt sich in alle männlichen Wesen oder solche, die sie dafür hält.

Die Betreuer müssen den Bewohnern außerdem deutlich machen, wo sie masturbieren dürfen und wo nicht; und zwar so, dass der oder die andere dabei möglichst wenig Scham empfindet. Das Team vertritt die Auffassung, dass das Erleben der Sexualität eine Bereicherung des Lebens darstellt. Zwar stimmt Marianne dem voll und ganz zu, sie hat aber gleichzeitig auch ihre Schwierigkeiten damit, die sie überwinden möchte. Sie meint, dass die Bewohner das Recht auf eine Betreuerin haben, die genügend inneres Gleichgewicht hat, um mit den Fragen und Problemen dieser Menschen, auch auf sexuellem Gebiet, zurechtzukommen.

Marianne möchte daher an sich selbst arbeiten. Ihr Freund Robert ist ihr dabei eine große Stütze, mit ihm kann sie über alles reden. Durch Robert ist sie zum ersten Mal mit einer Umgebung in Berührung gekommen, die völlig anders ist als ihre eigene.

In der Beziehung mit ihrem Freund hat Marianne erlebt, dass Sexualität nicht bedrohlich ist, sondern einfach schön. Der Prozess ist jedoch nicht ohne Rückschläge verlaufen und hat sehr viel Geduld erfordert. Eine neue Einstellung zur Sexualität schien für Marianne zunächst sehr bedrohlich zu sein. So reagierte sie auf Roberts freieren Umgang mit großer Abwehr, verkrampfte sich oder täuschte Gleichgültigkeit vor. Inzwischen kann sie aber mit positiven Gefühlen auf diese Zeit zurückblicken. Ihre Angst hat sich auf Dauer gelohnt: Marianne hat, wenn auch zögerlich und schüchtern, mehr eigenen Raum bekommen und kann daher auch den Bewohnern mehr Raum geben.

Johann fragt sich, ob er frei erzogen worden ist – in seinem Elternhaus sei alles erlaubt gewesen. Seine Eltern waren Befürworter einer antiautoritären Erziehung, wie sie ihm später erzählten. „Laissez faire, laissez passer!" war ihr Motto. Es war ihnen egal, wie spät Johann nach Hause kam, mit wie vielen Freunden oder Freundinnen er schlief. Egal, welche Entscheidungen er traf, seine Eltern fanden alles gut. „In deinem späteren Leben wirst du noch genug Verpflichtungen haben", sagte sein Vater oft, „also: carpe diem!" Johann hat ausgiebig experimentiert, vor allem auf sexuellem Gebiet. Er habe jedoch immer noch das Gefühl, dass er experimentiere, sagt er. Er würde gern endlich einmal wissen, woran er sei, aber er könne sich nicht binden. Er wechselt von einer Arbeitsstelle zur anderen, von einer Freundin zur nächsten. „Könnte ich doch nur eine Entscheidung treffen", seufzt er.

Martin ist wie Marianne religiös erzogen worden. Vor allem in der Pubertät hatte er oft Streit mit seinen Eltern. Die Frage, ob man vor der Hochzeit miteinander schlafen dürfe, hatte zu großen Konflikten geführt. Martins Eltern fühlten sich durch die Entscheidung ihres Sohnes gekränkt. Für kurze Zeit hatten sie sogar den Kontakt abgebrochen, aber inzwischen können alle wieder gut miteinander umgehen. Trotz aller Konflikte blickt Martin zufrieden auf seine Erziehung zurück, auch auf die Sexualerziehung. Was er an seiner Erziehung genossen hat, sagt er, war das Gefühl von Gerechtigkeit und die Erfahrung, sich mit anderen auseinander setzen zu können.

Auch Magda hat in ihrer Erziehung eine religiöse Einstellung mitbekommen und ist darüber sehr froh. Genau wie ihre Eltern hält sie nichts vom Geschlechtsverkehr vor der Ehe. „Damit sollte man warten", sagt Magda. Sie und ihr Freund heben sich diese Erfahrung auf, bis sie kirchlich getraut worden sind.

Remko (35) ist schwul. Das hat er vor einigen Jahren entdeckt, als er schon verheiratet war. Für ihn und seine Frau war es ein großer Schock, dass Remko „lieber neben einem Mann im Bett lag", wie er sich ausdrückte. Damit begann für Remko ein schmerzhafter, aber unumgänglicher Prozess. Inzwischen ist Remko wieder mit seinem Leben zufrieden und lebt mit seinem Freund zusammen. In seiner Erziehung war über Homosexualität die Nase gerümpft worden. Remko fragt sich, wie sein Leben wohl verlaufen wäre, wenn seine Eltern weniger Einfluss gehabt hätten, wenn die Norm also nicht so unumstößlich festgelegt gewesen wäre.

4.2.2 Mit unseren eigenen Grenzen umgehen können

Wenn wir von „Begegnung" sprechen, geht es immer um zwei oder mehr Personen, die miteinander umgehen. Es lohnt sich, sich einmal anzuschauen, wie eine solche Begegnung genau aussieht und ob wir auch wirklich von Begegnung sprechen können. Im Wörterbuch ist der Begriff „Begegnung" folgendermaßen definiert: zusammenkommen, um zu gegenseitigem Verständnis zu gelangen.

Es ist schön, wenn wir einander verstehen, und es ist vielleicht noch schöner, von einem anderen verstanden zu werden. Wenn wir einander verstehen, wird der Weg dafür geöffnet, dass wir uns gegenseitig genug Raum geben, um uns zu entfalten.

Das gegenseitige Verständnis hilft uns dabei, uns in andere hineinzuversetzen. Die Frage ist: Können wir das auch? Die Fähigkeit, oder manchmal auch Notwendigkeit, sich in die Persönlichkeit eines anderen zu versetzen ist, übertrieben dargestellt, für den einen Menschen eine Bereicherung und Erleichterung, für den anderen eine regelrechte Bedrohung. Und das, obwohl es so wichtig ist, sich in einen anderen hineinversetzen zu können, denn schließlich möchte jeder verstanden werden und wünscht, dass der andere sich für ihn interessiert.

Es stellt sich die Frage, warum es für manche Menschen viel angenehmer ist, sich in andere hineinzuversetzen, als für andere. Das hängt meines Erachtens damit zusammen, wie stark unsere Persönlichkeit ist und wie wir mit unseren Grenzen umgehen. Wenn wir einigermaßen selbstsicher sind, können wir gut mit Kritik umgehen. Wir geraten nicht aus der Fassung, wenn wir mit Menschen konfrontiert werden, die völlig andere Entscheidungen in ihrem Leben treffen als wir. Wir finden das sogar interessant und suchen nach den Beweggründen für ihre Entscheidungen. Wir brauchen Raum, um zu überprüfen, inwieweit es Übereinstimmungen und Unterschiede zu unseren eigenen Entscheidungen gibt. Und wir schauen uns an, ob wir etwas daraus lernen können, und drücken damit unser Verständnis und unsere Anerkennung aus. Wir haben keine Angst und fühlen uns nicht bedroht, ganz im Gegenteil. Unser Blickfeld weitet sich, wir sehen und akzeptieren eine andere Persönlichkeit, ohne die eigene aufs Spiel zu setzen. Dafür sind wir viel zu stark. Vielleicht verändert sich auch unsere eigene Persönlichkeit ein wenig aufgrund dieser Begegnung. Dafür sind wir flexibel genug. Wir erweitern unsere Grenzen oder beschränken sie, aber wir halten nicht krampfhaft an ihnen fest. Wir können gut differenzieren, ohne unsere Selbstsicherheit aufs Spiel zu setzen. Eine andere Lebenseinstellung weckt nicht allzu viel Angst in uns. Wir fragen neugierig: „Wer bist du?" und gehen interessiert an neue Begegnungen heran, nicht vorurteilsbeladen, schließlich sind wir mit uns selbst zufrieden.

Der Betreuer von Alex findet zufällig heraus, dass Alex die Schamhaare seiner Freundin abschneidet. Die Betreuer sprechen in einem kleinen Team darüber (Privatsphäre!). Sie fragen sich, was dieses Verhalten bedeuten könne. Finden Alex und seine Freundin das schön? Nach einigem Überlegen und vorsichtigen Gesprächen mit Alex und seiner Freundin kann diese Frage eindeutig bejaht werden. Sie finden es beide schön und erregend – dann ist es in Ordnung.

Wenn wir unsicher sind, können wir nur schwer mit Kritik umgehen. Entscheidungen, die nicht mit den unseren übereinstimmen, beobachten wir sehr scharf – sie erregen unser Misstrauen. Wenn wir auf Menschen mit anderen Ansichten treffen, verlieren wir schnell die Fassung. Von manchen Menschen würde man das gar nicht annehmen, aber es ist so.

Diese Menschen verteidigen sich schnell, sie lassen nicht los und halten krampfhaft an ihren Normen fest. Sie sind sehr auf diese Normen fixiert, sie wissen genau, was sich gehört, auch für andere. Sie interessieren sich nicht wirklich für die Beweggründe des anderen, denn würden sie sich dafür öffnen, fühlten sie sich sehr schnell bedroht. Dann müssten sie sich mit ihren eigenen Motiven auseinander setzen und ihre Unsicherheit schmerzhaft bloßstellen. Es ist unangenehm, so hart mit der eigenen Unsicherheit konfrontiert zu werden – deshalb halten wir lieber an unseren unerschütterlichen Grenzen fest. Mit dieser Schein-Sicherheit vertuschen wir aber eine große Unsicherheit. Die Lebenseinstellung des anderen wird von uns nicht neugierig erforscht, sondern entschieden abgelehnt. Für andere Ansichten ist bei uns kein Raum vorhanden, einen offenen Blick für andere haben wir nur in geringem Maße entwickelt. Eine solche Haltung kann ohne weiteres in einem Machtkampf enden, sowie in der Unterdrückung und Leugnung der Persönlichkeit des anderen. Die Grenzen sind zu fest gesteckt.

Monika masturbiert drei- bis viermal pro Tag. Wir sprechen im Team darüber und fragen uns, was der Hintergrund für Monikas Verhalten sein könnte. Macht ihr das Spaß? Ist es für sie ein schönes Erleben ihrer Sexualität? Eine Betreuerin fragt, ob vielleicht Spannungen dahinter stecken könnten, die sich auf diese Weise entladen. „Vielleicht langweilt sie sich auch?", schlägt jemand anders vor. Alle sind entschlossen, diesen potentiellen Hilferuf ernst zu nehmen. Nur Marianne hält nichts davon: Für sie ist Monikas Verhalten ganz klar eine Form der exzessiven Selbstbefriedigung und als solches verwerflich. Monika müsste einfach eine „normalere Befriedigung ihrer Bedürfnisse beigebracht werden", so Marianne. Nach anderen Ursachen zu suchen hält sie für übertrieben.

Angst und Unsicherheit können sich darin äußern, dass jemand krampfhaft an den eigenen Grenzen festhält. Die Norm ist ihr oder ihm heilig. Es kommt dann nicht mehr in Frage, sich in eine andere Identität zu versetzen, die Grenze steht unumstößlich fest. Angst und Unsicherheit können sich aber auch ganz anders äußern. In dem Fall wird eine feste Grenze zu einer diffusen Grenze, die nicht klar definiert ist und sich verschieben kann, sozusagen je nach dem Wind, der gerade weht. „Diese Person hängt ihr Fähnchen nach dem Wind", sagen wir manchmal, „was ist eigentlich ihre eigene Meinung?" Manche Menschen können grenzenlos ineinander aufgehen. Wenn einem selbst eine starke Identität fehlt, können wir so zu einem Gefühl der Sicherheit gelangen – der andere wird schon eine Entscheidung treffen. Auf den ersten Blick handelt es sich bei diesen Fällen um Menschen mit einer offenen Haltung und Interesse an den anderen. Aber möglicherweise zeigen sie in der Begegnung mit anderen zu wenig von sich selbst und benachteiligen damit sich selbst und andere. Durch ihre Grenzenlosigkeit verlieren sie sich in den anderen, ihre Grenze ist nicht stabil genug.

In einer Teambesprechung in der Sonderschule wird heftig über Normen und Werte im Bereich der Sexualität diskutiert. Jacqueline unterstützt Johanns Vorschlag, die Kinder sexuell aufzuklären. Richard wundert sich, weil Jacqueline vor vier Wochen noch den Nutzen einer sexuellen Aufklärung angezweifelt und sich gefragt hat, ob bei den Kindern überhaupt sexuelle Gefühle existierten. Damals war allerdings Johann noch nicht bei der Besprechung dabei gewesen.

In einer Behinderteneinrichtung muss Klaus Mathildes Eltern mitteilen, dass Mathilde eine Neugier und einen Forschungsdrang entwickelt hat, die höchstwahrscheinlich sexueller Natur sind. Das Betreuerteam geht davon aus, dass Mathildes Eltern mit Widerstand reagieren werden. Im Gespräch mit den Eltern bringt Klaus das Thema letztendlich nicht zur Sprache – seine Angst ist zu groß.

In der Tagesstätte hat Claas die Angewohnheit, ständig an der Betreuerin Petra herumzufummeln. Petra fällt es sehr schwer, ihren Kolleginnen und Kollegen zu sagen, dass ihr das unangenehm ist und sie sogar ekelt. Es ist ihr peinlich, so für sich selbst einzutreten. Von allein sprechen Ihre Kolleginnen und Kollegen das Thema nicht an. Wie kann erreicht werden, dass ein Gespräch dennoch zustande kommt?

Im Umgang miteinander tasten wir ständig unsere Grenzen ab. Der eine geht flexibel mit seinen Grenzen um und ist recht selbstsicher, die andere hat ganz starre Grenzen. Wieder ein anderer geht in einem anderen

Menschen auf, er hat überhaupt keine Grenzen. Ursachen für diesen unterschiedlichen Umgang mit den eigenen Grenzen sind Angst und Unsicherheit.

Wir sollten regelmäßig über unsere eigenen Grenzen nachdenken, weil nicht nur Menschen mit einer geistigen Behinderung davon abhängig sind, sondern auch unsere Kolleginnen und Kollegen. Der Selbstentfaltung dieser Menschen wollen wir nicht im Wege stehen. Unserer Grundeinstellung entsprechend sind hier Gleichberechtigung und Selbstständigkeit gefordert.

Unser Umgang mit unseren eigenen Grenzen ist stark von der Beziehung beeinflusst worden, die wir zu wichtigen Bezugspersonen hatten: zu Vater, Mutter und anderen Erziehern oder Betreuern. Unser Gefühl von Sicherheit oder Unsicherheit und unsere Identität wurzeln in der Vergangenheit. Deshalb kann es sowohl angenehm als auch beängstigend sein, zu unserer eigenen Sozialisations- und Entwicklungsgeschichte zurückzukehren; essentiell ist es auf jeden Fall. Die Rückkehr zu unserer eigenen Geschichte gibt uns eine Antwort auf die Frage, ob wir im Interesse unserer eigenen Entwicklung oder der eines anderen unsere Grenzen erweitern oder bewahren müssen.

Ob wir jemanden in seinen Möglichkeiten beschränken oder ihm gar zu viel Raum geben, hängt eng mit unserer Erziehung zusammen. Sie hat unseren Spielraum festgelegt und sie bestimmt, wie viel Raum wir anderen gewähren. Deshalb sollten wir sie kritisch unter die Lupe nehmen, um den Weg für Veränderungen frei zu machen. Schon das Verstehen allein führt zu einer Veränderung.

4.2.3 Körperlichkeit und Berührungen

Mit unserem Körper drücken wir viele Gefühle aus, zum Beispiel wenn wir andere berühren oder umarmen, ihnen auf die Schulter klopfen, sie abwehren oder ihnen aus dem Wege gehen. So auch Menschen mit einer geistigen Behinderung: Zum Aussenden von Botschaften benutzen sie besonders häufig ihren Körper. Ihr Verhalten kann dabei auch eine erotische, sexuelle Komponente haben. Aufgabe der Bezugspersonen ist es, dieses Verhalten zu interpretieren.

66

Vor diesem Hintergrund sollten wir darüber nachdenken, wie wir selbst mit Körperlichkeit und Berührungen umgehen. Wie wir das Verhalten von Menschen mit einer geistigen Behinderung interpretieren sagt möglicherweise mehr über uns selbst aus als über diese Menschen, vor allem wenn wir unsere eigenen Normen und Werte nicht kritisch betrachten.

Wieder müssen wir uns zuerst selbst Fragen stellen: Haben wir gelernt, andere Menschen zu berühren? Sind wir vorsichtig oder spontan im körperlichen Umgang miteinander? In der einen Familie ist viel Raum für Zärtlichkeiten, für einen freundschaftlichen Arm um die Schulter, für einen Kuss oder eine herzliche Umarmung. In der anderen Familie wird körperlicher Kontakt vermieden, es wird förmlicher miteinander umgegangen. Das sind Erfahrungen, die zum heutigen Umgang mit unseren körperlichen Grenzen beitragen. Auch hier treffen wir auf unterschiedliche Normen.

4.3   Noch einmal zur Rolle von Vorurteilen

Im zweiten Kapitel ging es um die Unsicherheit. Das grundsätzliche Nicht-Anerkennen von Wünschen und Bedürfnissen nach Sexualität und Beziehungen bei Menschen mit einer geistigen Behinderung können wir durchaus im Bereich der Vorurteile verorten. Ein solches Vorurteil führt oft zu Unsicherheit und Hilflosigkeit.

In den obigen Abschnitten haben wir den Einfluss unserer eigenen Vergangenheit auf unsere aktuelle Grundeinstellung gesehen, welche wiederum durch unsere eigenen Normen und Werte bedingt ist. Wir sollten uns immer wieder der Tatsache bewusst werden, dass es sich dabei um unsere eigenen Normen und Werte handelt und dass wir diese nicht auf andere Menschen projizieren dürfen, schon gar nicht auf Menschen, die von uns abhängig sind. Sonst würden wir mit unserem Verhalten andere verurteilen und ihrer Entfaltung im Wege stehen. Die Kenntnis der eigenen Persönlichkeit verhindert einen unzulänglichen Blick auf andere.

4.4 Einheitlichkeit, um Vielfalt zu gewährleisten

Im dritten Kapitel habe ich einen Bezugsrahmen für das Thema Sexualität und Beziehungen bei Menschen mit einer geistigen Behinderung skizziert. Dabei spielte der Begriff Akzeptanz eine wichtige Rolle. Akzeptanz bedeutet, dass wir versuchen, uns in die Erlebniswelt des anderen, individuellen Menschen zu versetzen und, wenn möglich, zu seiner Selbstentfaltung beizutragen. Dabei versuchen wir zurückhaltend mit unseren eigenen Normen und Werten umzugehen und den gesellschaftlichen Kontext im Auge zu behalten: Wir leben nun einmal in dieser Gesellschaft. Außerdem achten wir darauf, ob jemand sich selbst oder einem anderen mit seinem Verhalten schadet. Falls jemand die Folgen seines Handelns nicht wirklich überschauen kann, müssen wir eingreifen, denn dann muss diese Person vor sich selbst bzw. anderen geschützt werden.

Ich bin bereits darauf eingegangen, dass unsere Normen und Werte sehr unterschiedlich sein können und wir sie daher gut kennen sollten. Bei allen Menschen und somit auch denen mit einer geistigen Behinderung kann man von einer großen Vielfalt auf diesem Gebiet sprechen. Zusammengefasst bedeutet dies: *Die Einheitlichkeit kommt in der Gewährleistung von Vielfalt zum Ausdruck.* Das beschreibt die Grundeinstellung, die hier präsentiert werden soll.

Einheitlichkeit bedeutet, dass wir gemeinsam den umfangreichen Spielarten der sexuellen Möglichkeiten von Menschen mit einer geistigen Behinderung gerecht werden wollen. Jeder Mensch ist einmalig, daher muss die Vielfalt gewahrt bleiben, aber dennoch sollte der eine Mensch mit seinen Möglichkeiten immer im Mittelpunkt stehen.

Natürlich müssen wir hier einige Einschränkungen vornehmen: Wenn jemand sich selbst oder anderen eindeutig Schaden zufügt, haben wir die Pflicht, einzugreifen. Diese Pflicht hängt stark von dem Maß ab, in dem der Klient Eigenverantwortung und Selbstbestimmung ausüben kann.

Vor einigen Jahren wurde Klaus von seinem Vater in eine Behindertenwohngemeinschaft begleitet, in der er in Zukunft wohnen sollte. Der Schritt kostete den Vater große Mühe und er machte sich offensichtlich Sorgen über das Liebesleben seines leicht geistig behinderten Sohnes. Beim Abschied sagte er zum Leiter der Einrichtung: „Sie sorgen doch dafür, dass er ein Mädchen bekommt?"

Nach einiger Zeit stellt sich heraus, dass Klaus in seinem Zimmer Fotos von nackten Männern aufhängt. Er leiht sich auch „schwule Pornofilme" aus und hat keine Probleme damit. Das heißt, er wird nicht überreizt und schaut sich diese Filme in seinem eigenen Zimmer an, seine Privatsphäre bleibt gewahrt. Klaus ist eindeutig homosexuell. In Klaus' Einrichtung lebt noch ein anderer schwuler Mann. Dieser geht zwar gern mit Klaus ins Bett, allerdings ohne die Verpflichtungen einer Beziehung auf sich nehmen zu wollen. „Ich möchte gern mit jemandem schlafen", sagt Bernd, „aber mehr nicht." Klaus findet das in Ordnung.

Klaus Familie weiß (vorerst) nichts davon. „Sie mögen keine Schwulen", meint Klaus recht ängstlich. Das hängt mit dem religiösen Hintergrund der Familie zusammen, die evangelisch-reformiert ist. Klaus ist sehr stolz auf seine Veranlagung und vor allem darauf, dass er mit seinem Betreuer offen darüber reden kann. Er will aber nicht, dass die Mitarbeiter der Einrichtung seinen Eltern gegenüber etwas davon erwähnen. Sie würden das nicht akzeptieren, meint Klaus. Er findet das sehr schade, weil er doch so stolz darauf ist und es gerne jedem erzählen würde. Die Akzeptanzprobleme in seiner Familie führen somit zu Akzeptanzproblemen bei Klaus.

Die Situation wird in einem kleinen Team (zwei Betreuer und der heilpädagogische Leiter) besprochen. Ist es nicht befremdlich, dass ein Team das Sexualleben eines Dritten diskutiert? Aber auch in diesem Bereich müssen Entscheidungen getroffen werden und die Betreuer tragen große Verantwortung. Die Situation der beiden Männer ist eindeutig, es ist ihre Entscheidung, die im Mittelpunkt steht: „Was möchten diese Menschen?" Ein Betreuer weist darauf hin, dass es in dieser Situation wichtig sei, über das Benutzen von Kondomen aufzuklären und ausführliche Gespräche über Aids zu führen. Die Teammitglieder sind sich diesbezüglich schnell einig. Die Frage, wie mit der Familie umgegangen werden müsse und ob sie informiert werden soll, erfordert hingegen eine längere Diskussion. Klaus' Entscheidung ist eindeutig. „Ich möchte nicht, dass ihr ihnen etwas sagt", meint er, „dann will mein Vater mich nicht mehr sehen, ich weiß doch, wie meine Eltern darüber denken." Klaus' Bruder kann das bestätigen, er ist der Einzige in der Familie, der über die Entwicklungen in der Behindertenwohngemeinschaft Bescheid weiß. Die Entscheidung wird reiflich überdacht, denn Klaus' Eltern haben auch ein Recht auf Information. Die grundsätzliche Einstellung der Einrichtung lautet, so viel wie möglich mit den Eltern der Bewohner zu besprechen: Es soll Offenheit herrschen und möglichst viele Gespräche geben und Partizipation soll im Vordergrund stehen. „Aber meine Eltern wissen auch nicht alles von mir", so eine Betreuerin, „und bestimmt nicht auf sexuellem Gebiet. Ich muss ihnen gegenüber doch keine Rechenschaft ablegen." Darüber hinaus ist Klaus' eigene Entscheidung in dieser Frage äußerst wichtig. Er möchte gern den Kontakt mit seiner Familie, die ihm sehr viel bedeutet, weiterführen. Dieser Kontakt wäre wahrscheinlich nicht mehr gewährleistet, wenn sich Klaus seinen Eltern gegenüber „outen" würde. Klaus' Entscheidung wird respektiert.

Eine Bewohnerin einer Behinderteneinrichtung zeigt mit ihrem Verhalten deutlich, dass sie gewillt ist, mit jedem ins Bett zu gehen. „Komm nur", strahlt sie und kennt keine Grenzen in ihrer sexuellen Aktivität. Das Team kann das nicht gutheißen. „Bei uns geht es doch nicht zu wie im Taubenschlag", lautet eine erste, spontane Reaktion. Nach einer sachlichen Diskussion kommt das Team zu folgender Schlussfolgerung: Diese Bewohnerin überschaut nicht im Entferntesten die Konsequenzen ihres Handelns und muss daher geschützt werden.

4.5   Der Klient und die Norm

4.5.1   Einführung

In diesem Abschnitt erörtere ich die Frage, ob der Klient wirklich die Norm ist und ob wir in der Tat versuchen, uns in seine (oder ihre) Geschichte hineinzuversetzen. Ist der Klient der Ausgangspunkt unseres

Denkens und Handelns (Abschnitt 4.5.2)? Wer ist der Klient eigentlich (Abschnitt 4.5.3)? In der Praxis scheinen die Meinungen in diesem Punkt gelegentlich stark auseinander zu gehen.

4.5.2 Ist der Klient die Norm?

Wir müssen mit unseren eigenen Normen und Werten zurückhaltend sein, da der individuelle Mensch Ausgangspunkt unseres Handelns sein sollte. Der einzelne Mensch erlebt sich selbst in seiner Umgebung auf ganz individuelle Art und Weise. Daraus können wir schließen: „Der Klient ist die Norm." Nur im Falle von nachweislichen Schäden, die der Klient oder die Klientin sich selbst oder anderen zufügt, gilt dies nicht mehr; in diesem Moment überwiegen trotz allem die Normen der stellvertretend handelnden Person, die aber trotzdem behutsam mit ihren eigenen Normen und Werten umgehen sollte. Leider kann diese Einstellung in der Praxis zu großen Dilemmas führen.

Karin und Marcel sind ineinander verliebt, sie haben seit Jahren eine feste Beziehung. Am Anfang wurde diese Beziehung von den Mitarbeitern der Einrichtung begleitet. Später wohnten Karin und Marcel in einer betreuten Wohngemeinschaft und nach einiger Zeit konnten sie, auch auf sexuellem Gebiet, ohne die Hilfe Dritter gut miteinander zurechtkommen. Eine Sache wird für Marcel jedoch allmählich zu einem großen Problem: Karin will zwar mit ihm schmusen, aber nicht mit ihm schlafen. Bis vor kurzem konnte Marcel damit leben. Sein Verlangen nach dem Geschlechtsverkehr wird aber immer größer.

Eines Tages erzählt er einer Betreuerin, dass er zu einer Prostituierten gehen will. Er möchte unbedingt wissen, wie sich das anfühlt. Er werde es Karin jedoch nicht erzählen. Er sagt, dass er sie liebt und nicht verlieren möchte.

Die Betreuerin wird mit ihren eigenen Normen und Werten konfrontiert, die Situation bringt sie in Verlegenheit. In einem kleinen Team wird das Problem angesprochen. „Wollen wir dafür die Verantwortung übernehmen?", fragt ein Kollege. Ein anderer Kollege zeigt sich moralisch empört. „So etwas macht man doch nicht!", sagt er. „Du vielleicht nicht", sagt ein anderer, „aber mehr als die Hälfte der männlichen Bevölkerung geht fremd. Warum dann nicht auch er?" „Müssen wir uns denn dem Durchschnittsmann anpassen und so einen Vertrauensbruch dulden? Für das Verhalten der anderen bin ich nicht verantwortlich, aber für Marcel. Wenn ich da mitmache, fühle ich mich wie ein Heuchler. Wie kann ich das Karin gegenüber vertreten? Er schadet damit seiner Freundin." „Aber es ist seine Entscheidung", sagen einige. „Hat er kein schlechtes Gewissen?", ist eine weitere Reaktion. „Inwieweit kann er wirklich einschätzen, was er ihr und vielleicht auch sich selbst antut?"

Marcels Betreuerin bespricht diesen letzten Punkt mit ihm. Sie sprechen über Karins mögliche Gefühle. Will er ihr wirklich Kummer bereiten? Fällt es ihm nicht schwer, ihr etwas vorzuenthalten und so etwas Besonderes mit einer anderen zu teilen? Sie sprechen auch darüber, dass es zu einem Streit kommen oder die Beziehung auseinander brechen könnte, wenn Karin herausfindet, was er getan hat. Ist Marcel das alles bewusst? Er verstehe das, beteuert er, es sei seine Entscheidung.

Wiederum entbrennt im Team eine heftige Diskussion, aber es herrscht gegenseitiges Verständnis für die unterschiedlichen Normen und Werte. Schließlich wird die Entscheidung des Klienten in den Mittelpunkt gestellt: Der Klient ist die Norm. Einige Betreuer von Marcel und Karin haben damit allerdings große Probleme.

Möglicherweise kommt ein solches Dilemma eher selten vor. Vielleicht erscheint Ihnen das Beispiel auch etwas extrem gewählt, um darzustellen, dass der Klient die Norm ist, dass er der Ausgangspunkt unseres Denkens sein sollte. Ich möchte an dieser Stelle jedoch betonen, dass dies nicht bedeutet, dass wir jede Entscheidung eines Klienten gutheißen und respektieren müssen, wie ich auch am Beispiel der sexuell sehr aktiven Klientin deutlich gemacht habe. Und es gibt natürlich noch eine ganze Reihe von Verhaltensweisen, die Betreuer zwingen, eine Norm zu formulieren und Grenzen zu setzen.

Karls Betreuer erfährt von einem beunruhigten Dorfbewohner, dass Karl (33) regelmäßig nach Schulschluss auf dem Kinderspielplatz zu finden sei. Dort bittet er die Kinder, ihre Hose herunterzulassen. Der Betreuer spricht mit Karl darüber und erfährt, dass Karl verrückt nach kleinen Kindern ist, weil sie ihn erregen. Karl versteht zwar ungefähr, dass sich das nicht gehört, aber er kann es nicht lassen. Die Betreuer setzen ihm eine klare Grenze: Das kann und darf nicht mehr geschehen. Darüber hinaus besprechen sie die Situation im Team. Wie verhält sich Karl auf sexuellem Gebiet? Wie „funktioniert" er? Sie beschließen, Karl ausführlich aufzuklären und dabei auch das Kapitel Normen und Werte nicht zu vergessen. (Im sechsten Kapitel gehe ich ausführlicher auf die Bedeutung der Sexualaufklärung ein.)

Die Aufklärung verschafft Karl Klarheit. Bei den Betreuern bleiben jedoch einige Fragen offen: Interessiert sich Karl aus einem allgemeinen sexuellen Interesse heraus für die Kinder oder ist er wirklich pädophil? Das Team trägt in diesem Fall große Verantwortung – Verantwortung gegenüber Karl und gegenüber der Gesellschaft. Die Betreuer können sich nicht einigen und beschließen, das Problem einem Sexualforscher vorzulegen.

Monika hat Nachtwache und liest ein Buch. Plötzlich schreckt sie auf. In der Türöffnung steht Walter mit offenem Bademantel. Er hat eine Erektion und schaut sie erwartungsvoll an. Monika weiß nicht, was sie tun soll, alle möglichen Gedanken schwirren ihr durch den Kopf. „Willst du mit mir schlafen?", fragt Walter. „Ich bin doch gar nicht deine Freundin", antwortet Monika vorsichtig. „Danke." Walter verschwindet wieder. Monika hat sich fürchterlich erschrocken, sie zittert am ganzen Leibe.

Sie bespricht das Erlebnis im Team. Die Betreuer sind sich schnell einig, dass das von Walter zur Schau gestellte Bedürfnis authentisch ist. Walter weiß eben nicht so recht, was sich gehört und was nicht. „Ist er jemals aufgeklärt worden?", fragen sich die Betreuer. Er scheint sich in seinem Zimmer auch Pornofilme anzusehen. Bringen ihn die Filme vielleicht auf diese Gedanken, lösen sie eine nicht zu erfüllende Erwartung in ihm aus? Den Betreuern wird klar, dass sie

Walters Betreuung auf sexuellem Gebiet vernachlässigt haben. Tom, ein Kollege von Monika, wird Walter sexuell aufklären und dabei auch Normen und Werte zur Sprache bringen.

Der Klient ist die Norm – diese These kann vielerlei Facetten haben, zum Beispiel auch Emanzipation. „Emanzipation bedeutet, dass jeder Mensch zu seinem Recht kommt. Das Emanzipationsmodell will sich nachdrücklich für die Menschenwürde jeder menschlichen Existenz einsetzen" (Timmers-Huigens, 1993). Es ist eine persönliche Entscheidung, ob ich auf diese Weise denken will, eine Art und Weise, durch die wir meines Erachtens jedem Menschen mit einer geistigen Behinderung gerecht werden, weil der individuelle Mensch und seine Erlebniswelt in den Mittelpunkt gestellt werden. „Wie sehr eine Einrichtung auf die Bewohner ausgerichtet ist, kann daran gemessen werden, inwiefern es gelingt, die individuellen Entscheidungen der Bewohner umzusetzen" (Niederländische Vereinigung zur Behindertenpflege, 1993). Gemeinsam eine solche Basis zu schaffen, kostet viel Zeit und Energie, die sich jedoch lohnen. „Wir sollten uns für die Entwicklung der Grundeinstellung ausreichend Zeit nehmen, denn die von allen vertretene Grundeinstellung steht und fällt in der Begegnung mit den Klienten" (Bosch, 1994c).

4.5.3 Wer ist der Klient?

Der Klient ist die Norm, aber wer ist diese Person eigentlich? Um wen handelt es sich? Spontan würden wir sagen: ein individueller Mensch mit einer geistigen Behinderung natürlich. Aber so einfach ist das leider nicht. Auch Eltern und andere Vertreter der Interessen dieses Menschen können hier eine wichtige Rolle spielen. Betreuer fragen sich manchmal, wer der Klient tatsächlich ist. Geht der Willen der Eltern auf Kosten der Emanzipationsmöglichkeiten des Kindes? Umgekehrt bleibt auch bei Eltern manchmal die Frage zurück: Beeinträchtigen die Betreuer mit ihren modernen Ansichten das Leben unseres Kindes? An Menschen mit einer geistigen Behinderung können wir aufgrund ihrer Abhängigkeit allerlei Projektionen und eigene Ideen ausprobieren.

Wessen Interessen vertreten wir – die von diesem einen Menschen oder die eines anderen? Ist dieser Mensch wirklich der Klient? (Ich möchte allerdings in diesem Zusammenhang, vielleicht überflüssigerweise, noch anmerken, dass Eltern und Betreuer meistens einer Meinung sind.)

Henk und Natalie lernen sich in der Behindertenwohngemeinschaft kennen. Sie mögen sich gern und sind ein Paar. Ihre Gefühle füreinander sind mehr als nur freundschaftlich: Sie „kleben" richtig aneinander. Dabei ist Henk sehr dominant. Er hat große Schwierigkeiten damit, wenn Natalie einmal etwas alleine machen möchte, und übt Druck auf sie aus, damit sie ständig bei ihm ist. Für Natalie ist dies nicht einfach, sie kann sich nicht ausreichend wehren und seinem Druck widerstehen. Trotzdem ist sie verrückt nach Henk und fügt sich seinen Launen. Die Betreuer sehen es als ihre Aufgabe, diesem Verhalten besondere Beachtung zu schenken. Mit Henk und Natalie wird vereinbart, dass jeder auch Zeit für sich haben soll. Außerdem wird an Natalies Fähigkeiten gearbeitet, sich abzugrenzen. Natalies Eltern finden, dass die Beziehung so schnell wie möglich beendet werden muss. Sie sind der Meinung, dass Henk Natalie auf unverantwortliche Weise dominiert, und betrachten ihn sogar als Gefahr für sie. Sie haben Angst, dass Henk ihrer Tochter Schaden zufügt, und verlangen von den Betreuern die Beendigung dieser Beziehung.

Henks dominantes Verhalten wird von den Betreuern jedoch anders interpretiert. Sie sind der Meinung, dass seine Dominanz zu einem großen Teil darauf zurückgeführt werden kann, dass er ein wenig angeben will, dass es sich dabei in Wirklichkeit nur um eine Fassade handelt, hinter der er seine Unsicherheit verstecken will. „Schau mal, ich gehöre dazu", will Henk im Grunde genommen sagen. Und auch: „Nimm mich bitte ernst!" Deshalb spielt sich Henk oft auf und fantasiert herum, denn nur so kann er sich ausdrücken. Sein Verhalten ist eine Form von Unsicherheit, auf die wir Henk ansprechen sollten. Gleichzeitig sollten wir aber auch versuchen, sein Verhalten zu verstehen: Außen ist nicht immer gleich innen. Natalies Eltern können oder wollen das nicht verstehen, so die Meinung der Betreuer. Außerdem sind die beiden wirklich ineinander verliebt.

Das Beispiel zeigt, dass die Interpretation von Natalies Eltern im Widerspruch den Betreuern und der Entscheidung von Natalie und Henk steht. Solche Widersprüche führen zu Spannungen und Dilemmas. In solchen Fällen sollten wir gründlich prüfen, ob der Klient gut genug mit der möglicherweise wachsenden Spannung zwischen seiner Familie und der neuen Wohnumgebung umgehen kann, damit er nicht zunehmend hierunter leidet. Im besprochenen Fallbeispiel ist dies der Fall: dem Wunsch der Klienten wird entsprochen und die Beziehung wird nicht beendet.

Darauf, wie wir am besten gemeinsam mit den Eltern und anderen Angehörigen alle Möglichkeiten und Unmöglichkeiten in Betracht ziehen, komme ich in Kapitel 8 zurück.

4.6 Regelmäßige Gespräche über Normen und Werte

Eine regelmäßige Besprechung unserer eigenen Normen und Werte im Team ist von größter Bedeutung. Damit legen wir den Schwerpunkt auf uns selbst, und das ist gesund und notwendig, weil die Klienten von unserer Betrachtungsweise so abhängig sind. Wir sollten unser eigenes Bild kennen und es, wenn erforderlich, im Interesse der Emanzipation des Klienten anpassen. Es ist besonders schön, wenn wir das im Team tun können.

Ein gemeinsamer Bezugsrahmen stellt eine Form der Qualität sicher, bedeutet aber nicht, dass wir alle auf die gleiche Art und Weise denken müssen. Der Bezugsrahmen soll eine Richtschnur sein – eine Form der Begegnung mit den uns anvertrauten Menschen. Darauf können wir einander verweisen. Wenn dieser Rahmen der Vielfalt den Menschen auf dem Gebiet der Sexualität und Beziehungen gerecht wird, kann auch jeder einzelne Mensch zu seinem Recht kommen.

Darüber hinaus sollten wir die Normen und Werte der anderen kennen, auch wenn sie aus dem oben genannten Rahmen fallen. Nur wenn wir ihre Normen und Werte kennen, können wir sie auch respektieren und so das Verständnis füreinander vergrößern – das gibt ein solidarisches Gefühl.

Die Kenntnis der gegenseitigen Ansichten und die Kommunikation darüber sind wie das Öl einer Maschine. Das Öl steht für den Prozess, die Maschine für die Struktur. Die Struktur einer Organisation ist meistens eindeutig, die Art und Weise des Umgangs miteinander ist hingegen in der Regel diffuser – obwohl es letztendlich ja genau darum geht. Denken wir ausreichend darüber nach? Wenn der Prozess nicht ausreichend beachtet wird, mangelt es auch an der Struktur und die Maschine steht still. Da wir aber gemeinsam die Struktur einer Organisation tragen, sollten wir auch gemeinsam unser eigenes Funktionieren reflektieren.

Ein Team verändert sich ständig – bisherige Betreuer verlassen das Team und (junge) Menschen kommen hinzu. Eltern machen uns oft darauf aufmerksam, wie abhängig ihre Kinder von diesen Veränderungen sind. „Wie können sie sich jemals binden?", rufen diese Eltern oft verzweifelt aus. Die ständigen Veränderungen im Team machen es noch wichtiger, Normen und Werte regelmäßig zu besprechen. Schnell können sich Gewohnheiten einschleichen, die der Entfaltung des Klienten im Wege stehen. Wie schön wäre es, immer die Einheitlichkeit zu finden, die die Vielfalt garantiert.

Regelmäßig unsere eigenen Normen und Werte und unsere Einstellung zu anderen zu überdenken hält uns flexibel. So verhindern wir Normativität und unsere Klienten bleiben der Ausgangspunkt des Denkens.

4.7   Anregungen zur Diskussion

1. Berichten Sie einander, wie Ihre Erziehung auf sexuellem Gebiet ausgesehen hat und welche Normen und Werte Sie gelernt haben. Welche Normen und Werte besitzen Sie heute noch und von welchen haben Sie sich getrennt? Weshalb? Sind Sie ziemlich frei oder eher streng erzogen worden? Was spüren Sie davon heute noch? Standen Angst oder Freiheit im Mittelpunkt Ihrer (sexuellen) Erziehung? Welche Lebenseinstellung liegt Ihrer Erziehung zugrunde? Haben Sie daran fest gehalten?

2. Spiegelt sich Ihre Erziehung in dem Raum wieder, den Sie anderen gewähren, um anders sein und eigene Entscheidungen treffen zu können? Können Sie Ihre eigenen Normen und Werte differenziert anwenden? Müssen Sie Ihre Grenzen bewahren oder können Sie sie erweitern?

3. Berichten Sie einander, inwiefern Körperlichkeit in Ihrer Erziehung eine Rolle gespielt hat.

4. *„Die Einheitlichkeit kommt in der Gewährleistung von Vielfalt zum Ausdruck."* Wie weit darf die Vielfalt Ihrer Meinung nach gehen? Darf aus Ihrer Sicht Marcel, wie im obigen Beispiel thematisiert, „fremdgehen"? Wann geht ein Ihnen anvertrauter Klient zu weit? Hat dieser Klient dann das Pech, oder Glück, dass gerade Sie sein Betreuer sind?

5. Wie gehen Sie mit Meinungsverschiedenheiten zwischen Eltern und Betreuern um?

6. Wurden bzw. werden in der Organisation, in der Sie arbeiten oder gearbeitet haben, regelmäßig die eigenen Normen und Werte besprochen? Betrachten Sie diese Normen und Werte im Zusammenhang mit folgenden Thesen:
   a. Die Art und Weise, wie wir miteinander umgehen, ist das Öl der Maschine.
   b. Menschen mit einer geistigen Behinderung konfrontieren uns mit uns selbst, und das ist auch gut so.

5. Verhaltensweisen und ihre Bedeutung

5.1 Einführung

Ein professioneller und verantwortungsvoller Umgang mit Menschen mit einer geistigen Behinderung beinhaltet, dass die Signale dieser Menschen so angemessen wie möglich interpretiert werden. Was möchte dieser Mensch von mir? Wie können wir die (sexuelle) Bedeutung seines Verhaltens erfassen? Dafür ist eine methodische Vorgehensweise erforderlich. Wenn wir das individuelle Erleben einer Person in den Mittelpunkt stellen, werden wir der Einzigartigkeit dieses Menschen gerecht und gewährleisten gleichzeitig pluriformes Denken.

Im Abschnitt 5.2 werde ich auf den *Reichtum an menschlicher Vielfalt* eingehen und fragen, was Sexualität eigentlich ist – offenbar ein sehr weites Feld. Im Abschnitt 5.3 werde ich die Verhaltensweisen und ihre Bedeutung in den Mittelpunkt stellen und in Abschnitt 5.4 das Erleben des individuellen Menschen. Abschnitt 5.5 schließt das Kapitel mit einer Anregung zur Diskussion und einem Rollenspiel ab.

5.2 Was ist Sexualität? Die menschliche Vielfalt

Die Vielfalt im Denken, Tun und Fühlen ist bei Menschen mit einer geistigen Behinderung sicherlich genauso groß wie bei Menschen ohne Behinderung. Diese Beobachtung stützt sich nicht nur auf die Literatur, sondern hauptsächlich darauf, was ich täglich in der Interaktion mit ihnen erlebe und in Gesprächen und Begegnungen mit Betreuern erfahre.

Selbstbefriedigung
Es gibt Klienten, die regelmäßig masturbieren, und andere, die es kaum oder gar nicht tun. Es lohnt sich zu versuchen herauszufinden, warum

manche Klienten niemals masturbieren. Haben oder kennen sie dieses Bedürfnis nicht? Hat ihnen nie jemand erklärt, dass Masturbation zu den menschlichen Möglichkeiten gehört, oder bedeutet es ihnen wirklich nichts (siehe auch Abschnitt 6.7)? Genauso interessant ist es zu beobachten, warum Menschen masturbieren. Ihre Beweggründe können sehr unterschiedlich sein, sie sagen etwas über ihr (sexuelles) Erleben aus.

Die Bedeutung der Selbstbefriedigung zu verstehen verschafft den Betreuern die Möglichkeit, das Bedürfnis danach zu interpretieren und herauszufinden, welches betreuerische Handeln dieses Bedürfnis erfordert (siehe Abschnitt 5.3).

Beziehungen

Es gibt Klienten, die eine (sexuelle) Beziehung mit einem anderen Klienten eingehen; Art und Inhalt dieser Beziehungen sind sehr unterschiedlich. Manche Klienten brauchen auf diesem Gebiet, nachdem sie aufgeklärt worden sind, keine oder nur geringe Betreuung, andere hingegen müssen intensiv und dauerhaft begleitet werden.

Das Ausmaß der Betreuung steht in engem Zusammenhang mit dem Grad der Behinderung. Von welchem kognitiven Niveau können wir bei der jeweiligen Person ausgehen? Inwiefern kann sie sich auf sozialem Gebiet selbst helfen? Inwieweit können diese Menschen ihre sozialen Fertigkeiten auch anwenden?

Es soll hier deutlich gemacht werden, dass sich Menschen mit geringeren Möglichkeiten und Fertigkeiten schlechter in einen anderen Menschen hineinversetzen können. In diesem Fall ist es verstärkt die Aufgabe der Betreuer, einzuschätzen, ob die betreffende Beziehung, begleitet von einer möglicherweise recht zeitintensiven Betreuung, dem Wohlbefinden der betroffenen Personen dienen kann. Kommen sie zu dem Schluss, dass die Beziehung dem Wohlbefinden einer der betroffenen Personen schadet, kann von einem Betreuungsproblem gesprochen werden.

Manche Menschen mit einer geistigen Behinderung pflegen auch sexuelle Kontakte, ohne dass eine dauerhafte Beziehung besteht: Sex aus reinem Vergnügen, Sex aus Freude am eigenen und am fremden Körper.

Bei Menschen mit einer geistigen Behinderung findet sich die ganze Vielfalt sexueller Vorlieben und Anlagen wieder: Heterosexualität, Homosexualität und Transvestismus.

Wenn ich mir das Ganze in der Praxis ansehe, kann ich mich des Eindrucks nicht erwehren, dass Menschen mit einer geistigen Behinderung (zufällig haben sie eine Behinderung, warum nennen wir sie eigentlich „Menschen mit einer geistigen Behinderung"?) den Menschen ohne Behinderung sehr ähnlich sind.

Genau wie wir kennen diese Menschen das Bedürfnis, sich ihren Möglichkeiten entsprechend zu entfalten, Kontakte mit anderen Menschen zu knüpfen, zu kommunizieren (auch auf sexuellem Gebiet) und andere zu lieben. Van Zijderveld zitiert daher Ten Thij: „Der geistig Behinderte ist ein vollständiger Mensch und man kann wohl kaum von einem menschlichen Erleben auf höherem oder niedrigerem Niveau sprechen. Schließlich ist bislang nicht bewiesen worden, dass ein wesentlicher Unterschied zwischen der Erotik und der Sexualität von normalen und geistig behinderten Menschen besteht. Durch die Einschränkung seines geistigen Vermögens sind der Körper und alles, was damit zusammenhängt, das nahe liegendste Kommunikationsmittel des geistig Behinderten. Der stärkere Bezug auf den Körper wird von diesen Menschen problemlos akzeptiert. Deshalb sagt Ten Thij, dass, wenn man überhaupt von Problemen auf dem Gebiet der Erotik und der Sexualität von geistig Behinderten sprechen kann, dies eher Akzeptanz-Probleme der Umwelt seien als Probleme beim Behinderten selbst" (Van Zijderveld, 1980).

Van der Steen und Sondorp zitieren Croes, der erwähnt, dass „die körperlich-sexuelle Entwicklung des Schwachsinnigen im Großen und Ganzen nicht allzu sehr von der Entwicklung des Normalen abweicht" (zeitgenössische Terminologie, Van der Steen/Sondorp, 1974). Weiter zitieren sie Versteeg, der über die Entwicklung der Libido, also des Sexualtriebs, bemerkt: „Es besteht der Eindruck, dass die Libido bei Debilen normal entwickelt und meistens heterosexuell ist; bei Schwachsinnigen und Idioten ist die Libido weniger entwickelt" (zeitgenössische Terminologie, Van der Steen/Sondorp, 1974). Darüber hinaus zitieren sie Lafon, der „im Hinblick auf das sexuelle Verhalten von Menschen mit einer geistigen Behinderung folgende Unterscheidung vornimmt:

➢ Das eine Extrem ist die Gruppe von Menschen, die im Zusammenhang mit den eigenen sexuellen Bedürfnissen gar nicht an das andere Geschlecht denkt und für die Masturbation ausreichend ist; diese Menschen haben oberflächliche Freundschaften von kurzer Dauer, aber kein wirkliches Interesse am anderen Geschlecht.

➢ Das andere Extrem ist die Gruppe der sehr stark Debilen, die recht stabile Beziehungen eingehen können und die auch weiter gehen würden, wenn ihnen nicht von außen Beschränkungen auferlegt würden.

Zwischen diesen beiden Extremen liegt die ganze Bandbreite des sexuellen Verhaltens von Schwachsinnigen. Masturbation kommt sowohl bei weniger als auch bei stark Gestörten vor. Bei Schützlingen eines höheren Niveaus findet sich auch heterophiles Verhalten" (zeitgenössische Terminologie, Van der Steen/Sondorp, 1974).

In einer Studie (Soeter u.a., 1993) der sexuellen Bedürfnisse von Bewohnern verschiedener Behinderteneinrichtungen gaben 48 Prozent der befragten Betreuer an, dass das Bedürfnis nach Wärme und Liebkosungen am häufigsten vorkomme. Interviews haben jedoch auch gezeigt, dass häufig von „echtem Sex" gesprochen wird. Insgesamt zeigt sich ein breites Spektrum der den Klienten zugeschriebenen Bedürfnisse und oft ist nur schwer nachzuvollziehen, ob die zugeschriebenen Bedürfnisse den wirklichen Bedürfnissen entsprechen. Auf jeden Fall wird deutlich, dass im Hinblick auf die Bedürfnisse auf dem Gebiet der Sexualität und der Beziehungen viele Übereinstimmungen zwischen Menschen mit geistiger und ohne geistige Behinderung konstatiert werden können.

Was ist Sexualität eigentlich?
Wenn wir Menschen fragen, was sie eigentlich unter Sexualität verstehen, werden wir sicher sehr unterschiedliche Antworten erhalten. Kein Mensch ist wie der andere und jeder erlebt und sieht Sexualität anders, daher werden der Sexualität ganz unterschiedliche Bedeutungen zugeschrieben.

1. Sexualität kann (nur, wie einige meinen, zu Recht, meinen andere) als ein Mittel gesehen und erlebt werden, das für Nachkommen sorgt. Sexualität dient damit einzig und allein der Fortpflanzung.

2. Andere finden, dass dies eine ziemlich eingeschränkte Sichtweise ist, weil wir Sexualität auch genießen dürfen, sagen sie. Sexueller Genuss bereichert die menschliche Existenz. Zwei Partner können in einer Beziehung das Liebesspiel genießen, sich gegenseitig Nähe und Zärtlichkeiten schenken, Geborgenheit fühlen, ihre eigenen Bedürfnisse befriedigen und Gefühle zeigen. Dabei kann es sich um eine Ehe, eine Lebensgemeinschaft oder um eine Beziehung zwischen zwei Männern oder zwei Frauen handeln. Wie wir es auch betrachten, in diesem Zusammenhang steht die Beziehung zwischen zwei Menschen im Mittelpunkt, diese Beziehung ist die Bedingung: eine Beziehung von zwei Menschen, zwischen denen sehr viel Vertrauen gewachsen ist.

Intimität

Es geht hier also auch um Intimität und Nähe. Manche Menschen warnen davor, die Zärtlichkeiten und Gefühle füreinander zu vernachlässigen, und auch ich bin der Meinung, dass beides in einer sexuellen Beziehung äußerst wichtig ist. Wenn wir uns allzu sehr auf den genitalen Kontakt konzentrieren, verlieren wir eventuell das Wichtigste, das uns miteinander verbindet, aus den Augen (aber auch das ist Ansichtssache). Wenn ich bewusst versuche, die Medien auf meine persönliche Weise zu interpretieren, fällt mir auf, wie sehr diese erotisiert und sexualisiert sind und wie sehr dort der genital-sexuelle Kontakt betont wird.

In der Werbung zum Beispiel ist das ganz offensichtlich. Sex verkauft sich eben gut. Auch im Spielfilm sehen wir mit Spannung dem Augenblick entgegen, an dem die beiden Protagonisten miteinander ins Bett gehen. Ohne Geschlechtsakt ist der Film scheinbar nicht zur Zufriedenheit aller abgerundet, er ist nicht fertig, nicht perfekt.

Die Konzentration auf den Geschlechtsakt nimmt uns meiner Meinung nach viele Möglichkeiten zu einem intimen Kontakt. Es könnte viel mehr intime Kontakte zwischen erwachsenen Menschen geben, wenn nicht bei jeder Berührung, bei jedem Blick oder bei vielen anderen verbalen oder nonverbalen Ausdrücken beim Empfänger sexuelle Gedanken entstehen oder diesen Botschaften unterlegt würden. So steht Sexualität in gewissem Sinne der Intimität im Wege, während Intimität andererseits in gewissem Sinne zwangsläufig Sexualität impliziert (in Kapitel 7 werde ich noch einmal auf diesen Punkt zurückkommen). Was für eine Verarmung, so viele verpasste Möglichkeiten!

Sporken spricht in Bezug auf die Zärtlichkeiten vom „mittleren Bereich": „Ich meine den Bereich der Zärtlichkeit, der Liebkosungen, der Wärme und Geborgenheit sowie der Erotik. Dabei spielt Sexualität im Sinne von Mann- oder Frausein zwar nicht explizit, aber doch unverkennbar eine Rolle. Denken wir zum Beispiel an den Umgang zwischen Vater und Tochter, Mutter und Sohn, an die Zärtlichkeiten in den verschiedensten Beziehungen. Ich bin davon überzeugt, dass dies der wichtigste Bereich der menschlichen Sexualität ist. Menschen können ohne große Aktivitäten im Bereich der genitalen Sexualität zu reifen Männern oder Frauen heranwachsen. Diejenigen jedoch, die in ihrem Leben Zärtlichkeiten und Wärme entbehren müssen, ‚erkalten' im wahrsten Sinne des Wortes. Eine eheliche Beziehung, in der kein Raum oder Interesse für ein bisschen Wärme und Zärtlichkeit vorhanden ist (es sei denn, als unentbehrliche Vorbereitung zum Koitus), erkaltet und läuft Gefahr, ganz verloren zu gehen" (Sporken, 1988).

3. Wieder andere meinen (ob wir dem zustimmen oder nicht), dass für eine erfüllte Sexualität keine Beziehung erforderlich sei. Sexualität ist ihrer Ansicht nach ein Bedürfnis, das befriedigt werden muss, und dazu braucht man einen anderen Menschen. Zu diesem anderen stellen wir einen Kontakt her, der sich zu einer (sexuellen oder nichtsexuellen) Beziehung entwickeln kann, was aber nicht das Ziel des Kontakts war. Die Befriedigung des sexuellen Bedürfnisses steht bei dieser Einstellung im Mittelpunkt.
4. „Brauchen wir dafür wirklich eine Beziehung?", fragt sich wieder eine andere Gruppe. Diese Menschen legen den Schwerpunkt auf das Bedürfnis, das befriedigt werden soll, ohne dass dafür die Anwesenheit eines Partners erforderlich wäre. Wenn wir keinen anderen finden, dann können wir uns auch selbst befriedigen.

5. Auf oben Stehendes reagiert manch einer mit der Bemerkung, dass Selbstbefriedigung innerhalb oder neben einer bestehenden Beziehung (natürlich) auch möglich sei. Schließlich ist Selbstbefriedigung nichts Minderwertiges! Das eine müsse das andere nicht ausschließen.

Die Auffassungen über und das Erleben von Sexualität scheinen stark auseinander zu gehen. Die Menschen (mit oder ohne geistige Behinderung) sind sehr unterschiedlich. Glücklicherweise ist jeder Mensch einzigartig. Wir sollten uns daher vor zu viel Normativität hüten, schließlich geht es um die individuelle Entfaltung. Diese stellt allerdings natürlich auch wieder eine Norm dar, die sich zum Ziel gesetzt hat, die bestehende Vielfalt zu garantieren.

Da auch ich in diesem Buch der Einzigartigkeit, dem individuellen Erleben von Menschen (mit einer geistigen Behinderung) gerecht werden möchte und dies als Norm vorschlage (vgl. Kapitel 3), schließe ich mich gern der sehr weit gefassten Definition von Meihuizen-de Regt u.a. (1993) an: „Sexualität umfasst die ganze Skala der sexuellen Aktivitäten: Genuss des eigenen Körpers, Selbstbefriedigung, Intimität, Sichanschauen, Zusammenduschen, Streicheln, Liebkosen, Schmusen bis hin zum Geschlechtsverkehr. Sexualität ist in dieser Auffassung nicht an eine Beziehung gebunden, sondern kann auch gut alleine erlebt werden. Genauso wenig ist sie an eine bestimmte sexuelle Vorliebe (Hetero-, Homo- oder Bisexualität), noch an eine Hautfarbe, ein Geschlecht, eine Religion oder an die (Nicht-)Existenz einer Behinderung gebunden" (1993).

5.3   Verhaltensweisen und ihre Bedeutung

Das Verhalten von Menschen mit einer geistigen Behinderung löst häufig Fragen aus, insbesondere auf dem Gebiet der Sexualität und der Beziehungen. Es ist eine Kunst, die Bedeutung ihrer Verhaltensweisen zu verstehen: Nur so kann man auf eventuelle Fragen und Probleme angemessen reagieren.

Manchmal kann es jedoch sehr schwierig sein, eine Verhaltensweise richtig zu deuten. Es ist dann die Aufgabe des Teams, den Interpretationsprozess so professionell wie möglich zu gestalten.

Der Betreuer Karl sieht zufällig, dass Peter, der in einer dezentralen Wohneinheit lebt, im Bett liegt und masturbiert. Er fragt sich, ob Peter Spaß daran hat. In letzter Zeit ist Peter ziemlich angespannt, läuft unruhig im Haus hin und her und hält sich öfter als früher üblich allein in seinem Zimmer auf. Außerdem fragt sich Karl, wie viel Peter überhaupt über Sexualität weiß – ist er eigentlich aufgeklärt? Karl spricht mit einigen Betreuern aus dem Team darüber, eine Diskussion folgt. Es wird vereinbart, dass Karl herausbekommen soll, ob sexuelle Aufklärung für Peter sinnvoll sein könnte, und dass dieses Thema in der nächsten Teambesprechung wieder aufgegriffen wird.

Verhalten kann unterschiedliche Bedeutungen haben, in Peters Fall zum Beispiel folgende:

➤ Peter macht es Spaß, sich selbst zu befriedigen. Er schämt sich jedoch dafür, dass er sich seiner Lust hingibt, und fragt sich, ob das normal ist. Daher rührt sein rastloses Verhalten der vergangenen Wochen.

➤ Peter macht es Spaß, sich selbst zu befriedigen. Seine Unruhe ist auf einige Konflikte bei seiner Arbeit in der Werkstatt für behinderte Menschen zurückzuführen.

➤ Peter macht es Spaß, sich selbst zu befriedigen. Es erregt ihn, aber er kann keinen Orgasmus bekommen. Daher rührt sein rastloses Verhalten der vergangenen Wochen.

➤ Peter macht es eigentlich gar keinen Spaß, sich selbst zu befriedigen, aber er langweilt sich in letzter Zeit. Seine Selbstbefriedigung ist eine Flucht aus der Langeweile des Alltags. Sie erleichtert Peter – für kurze Zeit.

➤ Peter hat an seinem Arbeitsplatz ein Mädchen kennen gelernt, das er sehr gerne mag. Er denkt sich die ganze Zeit Fantasien über sie aus und würde gern alles mit ihr zusammen tun – er traut sich aber nicht.

Es gibt verschiedene Begründungen. Die wirkliche Bedeutung von Peters Verhalten ist, dass er nicht weiß, wie er sich selbst bis zur Ejakulation befriedigen kann. Aber sein Verhalten könnte genauso gut eine andere Bedeutung haben. Karl hat darüber vorsichtig, aber offen, mit Peter gesprochen, der sehr erleichtert war über diese Offenheit. Karl hat Peter mit Hilfe von filmischem Aufklärungsmaterial eine bessere Methode beigebracht, um zu masturbieren, und Peters Unruhe ist verschwunden.

Körperlichkeit

Die Bedeutung der Verhaltensweisen eines anderen zu verstehen ist oft schwierig – das betrifft besonders ein Thema wie Sexualität und Beziehungen, noch viel mehr aber die Sexualität und die Beziehungen von Menschen mit einer geistigen Behinderung. Diese Menschen sind viel körperorientierter als Menschen ohne eine solche Behinderung. „Das hängt mit der Tatsache zusammen, dass Menschen mit einer geistigen Behinderung ihre positiven Gefühle nicht mit Worten ausdrücken können und deshalb viel mehr auf körperliche Ausdrucksformen angewiesen sind" (Sporken, 1988). Für viele von ihnen ist dies die wichtigste Kommunikationsmöglichkeit. Menschen ohne geistige Behinderung sind mit ihren körperlichen Ausdrucksformen im Allgemeinen viel sparsamer und können nicht so gut damit umgehen. Sie führen eher Gespräche und halten größeren Abstand. Häufige Berührungen könnten für sie schnell bedeuten: „Wir haben etwas miteinander." Und viele haben bei einer (zufälligen) Berührung das Gefühl: „Komm mir nicht zu nah!" Das sind einige der Gründe, die zu der Tendenz führen können, den körperlichen Äußerungen von Menschen mit einer geistigen Behinderung eine falsche Bedeutung zuzuschreiben.

Es ist eine Kunst, diese Äußerungen zu verstehen und sich in die Erlebniswelt des anderen Menschen zu versetzen – die Welt durch seine Augen zu sehen. Dazu müssen wir unsere „Fühler" ausstrecken: gut sehen (bewusst beobachten), gut zuhören, versuchen, die Stimmung zu erspüren und auf verbales und vor allem auf nonverbales Verhalten achten. „Wir neigen oft dazu, dem verbalen Verhalten eine größere Bedeutung zuzumessen als dem nonverbalen. Nonverbale Äußerungen sagen jedoch meistens mehr über das Erleben eines anderen aus, wie zum Beispiel der Blick, die Körperhaltung, die Stimmlage, die Intonation und der Gang. Vor allem bei Menschen mit einer geistigen Behinderung sind dies Ansatzpunkte, die uns helfen können, uns in diese Menschen hineinzuversetzen" (Bosch, 1994).

In der Tagesstätte sitzen Joop und Monika immer Hand in Hand zusammen und sorgen dafür, dass sie so viel wie möglich gemeinsam unternehmen können. Bis vor kurzem gab es noch Zweifel darüber, was diese Berührungen wirklich bedeuteten; einige Betreuer hatten den Eindruck, dass das tatsächliche Bedürfnis weiter reichte als nur „Händchen halten". Die Beobachtung des Verhaltens, Gespräche darüber und auch sexuelle Aufklärung brachten jedoch zutage, dass Joop und Monika mit der derzeitigen Situation äußerst zufrieden waren und dass sie weiter keine Bedürfnisse hatten. „Wir fühlen uns wohl und geborgen, wenn wir zusammen sind."

Auch das allgemeine Ansehen schien eine nicht unwesentliche Rolle zu spielen. „Ich habe einen festen Freund/eine feste Freundin." „Ich bin auch erwachsen."

Ein Mitglied des Teams fragte sich, ob hinter diesen letztgenannten Bedeutungen Akzeptanzprobleme stecken könnten. Könnte die Aussage „Ich bin auch erwachsen!" bedeuten, dass Joop und Monika unzufrieden über ihr Anderssein waren? Nach einer Teambesprechung waren sich jedoch alle einig, dass dies nicht der Fall war: Joop und Monika hatten nicht das kognitive Niveau, um sich mit Akzeptanzproblemen auseinander zu setzen. Sie verglichen sich nicht mit Menschen ohne geistige Behinderung und hatten daher auch kein Problem mit ihrer Behinderung.

Ewald ist ein stämmiger, gut aussehender, leicht spastisch gelähmter junger Mann von dreißig Jahren. Er lebt in einem Behindertenwohnheim und teilt sich mit fünf anderen Personen eine Wohnung. Infolge seiner Sprachstörung kann Ewald nur wenige Wörter deutlich und für andere verständlich aussprechen. Mit ihm zu kommunizieren ist nicht so einfach, aber mit Gebärden und anderer Körpersprache kann

Ewald Eingeweihten deutlich machen, was er will, auch auf sexuellem Gebiet. Das wird – verständlicherweise – von seinem Umfeld nicht immer geschätzt. Er fummelt gern an den Betreuerinnen herum, tätschelt ihren Po und streichelt ihnen über den Rücken oder über ihre Brüste. Sein Enthusiasmus ist groß, die Würdigung jedoch eher gering: Die persönlichen Grenzen der Betreuerinnen werden überschritten. Einige Betreuerinnen ekeln sich, wenn Ewald in ihrer Nähe ist, auch wenn sie genau wissen, dass Ewald nicht anders kann. Er hängt wie eine Klette an ihnen. In einer Teambesprechung wird schnell deutlich, dass es sich hier um einen sexuellen Hilferuf handelt. Ewald masturbiert auch und kann beim Anblick von schönen Frauen im Fernsehen erheblich in Erregung geraten.

Mit viel Geduld konnte Ewald lernen, dass er in solch einem Fall in sein Zimmer geht, um sich dort selbst zu befriedigen. Das funktioniert ganz gut, aber es ist sehr schwer für ihn, die Finger von den Betreuerinnen zu lassen. Trotz seines guten Willens hat Ewald Probleme sich zurückzuhalten. Die Betreuerinnen verstehen das zwar und können seine Hilflosigkeit auch nachfühlen, bitten jedoch darum, eine andere Methode zu finden, um auf diesen Hilferuf zu reagieren. Es ist deutlich, dass Ewald „mit seinen Trieben herumläuft" und sie nicht los werden kann. In Ewalds Fall müssen seine Bedürfnisse eindeutig befriedigt werden.

Das Team beschließt, nach Rücksprache mit Ewald und dessen Eltern, eine Prostituierte der Stiftung für alternative Partnervermittlung (vgl. Abschnitt 6.10) um Hilfe zu bitten. Sie bespricht die Situation zunächst mit dem Team. Ewald ist im siebten Himmel, dass jemand extra für ihn kommen soll. Dieses Gefühl ist ihm sehr wichtig: „Es kommt jemand speziell für mich."

Ewald bereitet sich für einen Besuch bei der Prostituierten vor, nimmt ein Bad und zieht sich ordentlich an. Die Prostituierte besucht Ewald zweimal pro Monat im Wohnheim; um die Privatsphäre zu wahren, kommt sie am Vormittag, wenn die anderen Bewohner nicht zu Hause sind.

Die beiden haben einen guten Draht zueinander und die Befriedigung von Ewalds Bedürfnissen geschieht auf angenehme und zärtliche Weise und in einer romantischen Atmosphäre. Ewalds sexueller Entfaltung wird viel Zeit gewidmet, Ewald freut sich auf die Begegnungen und ist stolz darauf.

Ewald hat sich eine ganz neue Welt aufgetan, er ist viel entspannter und belästigt die Betreuerinnen nicht mehr so oft. Obwohl er die Frauen noch manchmal anfasst, geschieht dies den Betreuerinnen zufolge „deutlich mit einer anderen Intention". Seine Berührungen beinhalten mehr Wärme und Aufmerksamkeit und sind weniger sexuell. „Das mache ich mit Saskia", sagt Ewald und meint damit die Prostituierte. Seine sexuellen Triebe sind gut reguliert worden und seinen Bedürfnissen wurde entsprochen.

5.4 Das Erleben steht im Mittelpunkt

Die Betreuer sind Ewalds Erleben gerecht geworden. Zielsetzung war es, der Erlebniswelt des individuellen Menschen gerecht zu werden, auch wenn es sich dabei um die Möglichkeiten und Unmöglichkeiten der Entfaltung auf dem Gebiet der Sexualität und der Beziehungen handelt. Wie wir bereits gesehen haben, gehen die Meinungen über die Sexualität und ihr Erleben weit auseinander. Gerade das macht unseren Beruf ja so interessant und stellt eine besondere Herausforderung dar. Manchmal wird die Arbeit dadurch natürlich erschwert, aber das sollte uns nicht davon abhalten, unser Ziel zu verfolgen. Im Gegenteil!

Das Erleben in den Mittelpunkt zu stellen, bedeutet nicht, dass wir alles tolerieren müssen. Wir sollten immer im Auge behalten, welche Auswirkungen das Verhalten eines Menschen auf die Umgebung und den Betroffenen selbst hat. Es sollte keine negativen Auswirkungen haben.

Hester hat die Neigung, abends aufreizend und nackt über den Flur zu laufen. Die Betreuer greifen ein, obwohl sie aus Hesters nonverbalem Verhalten schließen können, dass es ihr Spaß macht und für sie ein gewaltiges Erlebnis ist.

In diesem Fall könnten wir schwanken zwischen dem Respekt für die Entscheidung der Bewohnerin und ihrem Schutz. Wenn wir uns jedoch in Hester hineinversetzen, müssen wir uns für die zweite Möglichkeit entscheiden. Hester kann nicht einschätzen, welches Bild sie bei den anderen Bewohnern hervorruft, und sie schadet und benachteiligt sich selbst. In diesem Fall greift die Verantwortung der Betreuer und es wird eingegriffen.

Das Erleben steht im Mittelpunkt: eine Gewissensentscheidung
Wenn das Erleben des individuellen Menschen im Mittelpunkt steht, fragen sich die Menschen in dessen Umgebung häufig, ob seine Aktivitäten und sein Verhalten einen Sinn in seinem Leben haben, ob sie sein Dasein bereichern und ihm einen Sinn oder mehr Sinn geben. Die Aktivitäten und das Verhalten dieses Menschen sind seine persönliche Ausdrucksweise und beruhen auf seiner persönlichen Entscheidung. Kommt der betreffende Mensch auf diese Art und Weise sexuell zu seinem Recht? Trägt sein Verhalten zu seiner Selbstentfaltung bei? Ist der Betroffene damit glücklich? Ober übersteigt sein Verhalten die Belastbarkeit der Betroffenen?

All dies sind nicht selten Fragen, die nur schwer zu beantworten sind und die uns darüber hinaus mit unseren eigenen Normen und Werten konfrontieren. Wir sollten auf jeden Fall lieber nach einer Antwort suchen und versuchen, die Situation richtig einzuschätzen, als diese Sache einfach laufen zu lassen, was offensichtlich der einfachste Weg wäre. Aus Unsicherheit oder aus anderen Gründen könnten wir der Suche nach einer Antwort aus dem Weg gehen, was aber nicht gerade von einer professionellen Haltung zeugen würde, und auch dem Betroffenen wäre damit nicht gedient. Diese Menschen haben ein Recht darauf, eine Antwort auf die Frage zu bekommen, wie sie ihr Dasein bereichern können.

Robert wurde in den letzten Wochen mehrere Male in Frauenkleidern auf dem Gang gesehen. Seine Betreuerin hat ihm zunächst einmal geraten, sich nur in seinem Zimmer so zu verhalten, um wilde Gerüchte seiner Umgebung zu vermeiden. Es könnte seinem Image schaden und Robert ist ohnehin schon so verletzbar, so abhängig davon, wie andere über ihn denken (bzw. davon, was er denkt, das andere über ihn denken).

Einige Betreuer im Team äußern den nicht unwahrscheinlichen Gedanken, dass Robert mit seinem Verhalten ausdrücken will, dass er mit dem Körper, in dem er lebt, nicht zufrieden ist. Er macht ihm keine Freude. Wäre er lieber eine Frau? Handelt es sich hier also um einen Fall von Transsexualität? Wie geht man am besten mit der Situation um? Am einfachsten wäre es, sie zu verdrängen, und wie oft geschieht das auch in Wirklichkeit! Damit könnten wir aber Robert schaden, denn wir wissen ja noch gar nicht, wie authentisch und wie groß sein Wunsch nach dieser anderen Identität wirklich ist.

Ein Betreuer stellt fest, dass er in der Konfrontation mit Roberts Verhalten stark von seinen eigenen – wie er sagt: eingeschränkten – Gedanken und Gefühlen behindert wird. Inwiefern können unterschiedliche Denkweisen nebeneinander bestehen bleiben? Konkret stellt sich hier die Frage, wie weit das Prinzip der Vielfalt reichen kann.

Stellen wir uns einmal vor, Robert sei transsexuell – was würde dann eine eventuelle Umwandlung der Geschlechtsidentität für Robert, seine Familie und sein Umfeld bedeuten? Was würde es für ihn bedeuten, ein neues Leben zu beginnen, und wäre er damit überfordert? Der Tenor der darauf folgenden Diskussion lautet: Manchmal ist es gut von sich selbst abzusehen. Gelegentlich dürfen die eigenen Normen und Werte auch mal im Hintergrund bleiben.

Das Gespräch mit Robert verläuft angenehm – ein Gespräch bedarf nicht immer vieler Worte. Robert hat einen begrenzten Wortschatz, kann damit aber gut deutlich machen, was er möchte. Die Betreuer interpretieren, wägen ab, schätzen die Lage ein, sind angesichts von Roberts Verlegenheit verunsichert und beschließen, einen Experten der Rutgers Stiftung[1] zu konsultieren. Es stellt sich heraus, dass Robert nicht transsexuell, sondern Transvestit ist.

Ab und zu zieht Robert Frauenkleider an, verhält sich aber nur in privaten Räumen so. Nach mehreren Teamsitzungen zum Thema ist

---

1 Die Rutgers Stiftung ist eine niederländische Einrichtung, die in etwa mit *Pro Familia* zu vergleichen ist. Die Stifung bietet Aufklärungsmaterialien an. Die Mitarbeiter beantworten Fragen auf sexuellem Gebiet, erteilen Aufklärung und führen Vorsorgeprogramme (gegen Missbrauch), unter anderem auch in Schulen, durch.

den Betreuern klar geworden, dass Robert die Reaktionen seiner Umgebung nicht verkraften würde. Sie würden sein bereits ziemlich negatives Selbstbild nur noch weiter beeinträchtigen. Darüber hinaus sind sie erleichtert: Auch wenn es schwierig war, die Bedeutung von Roberts Verhalten zu verstehen, hat es sich gelohnt, das Erleben eines anderen näher zu untersuchen. Die Betreuer sehen, dass Robert sich akzeptiert fühlt.

Walter kann die sexuellen Reize, die er im Fernsehen wahrnimmt, nicht gut verarbeiten, geschweige denn den Inhalt von Pornofilmen. Die Häufigkeit, mit der er masturbiert, nimmt auffällig zu. Außerdem ist es ein großes Problem, dass er die Frauen um ihn herum nicht in Ruhe lassen kann, die sich dadurch belästigt fühlen und sogar ängstlich werden. Es gibt einen deutlichen Zusammenhang zwischen den sexuellen Reizen, die Walter aufnimmt, und seinem ungeschickten sexuellen Umgang mit den Mitbewohnerinnen. Die Reize stellen für Walter eine permanente Überforderung dar. Sie werden ihm deshalb verweigert und seine Erlebniswelt wird in sexueller Hinsicht eingeschränkt. Die Betreuer passen genau auf, was sich Walter ansieht und was er erlebt: im Fernsehen, in Zeitschriften, am Wohnort, am Arbeitsplatz und in der Freizeit. Sie beschützen ihn vor den schädlichen Folgen seiner Ohnmacht, indem sie seine Welt vereinfachen. Auch die Mitbewohnerinnen werden so in Schutz genommen.

Frank sieht sich regelmäßig Pornofilme an, was ihm nur in seinem Zimmer erlaubt wurde. Im Rahmen seiner sexuellen Aufklärung wurde unter anderem darüber gesprochen, was sich gehört und was nicht, sowie über seine Erlebnisse und über die Assoziationen, die Pornobilder in ihm hervorrufen. Es wäre schlimm und unverantwortlich, wenn Frank denken würde, dass Frauen für all die Sachen zu haben wären, die er im Film sieht. Es ist ja vielmehr andersherum: Frauen tun das normalerweise nicht. Frank hat aus Gesprächen mit den Betreuern gelernt, Fantasie und Wirklichkeit voneinander zu trennen. Solche Gespräche müssen immer wieder aufs Neue geführt werden, als ständige Erinnerung und externes Gewissen.

Das Erleben in den Mittelpunkt zu stellen verlangt
eine spezifische Haltung

Der eine Mensch (mit einer geistigen Behinderung) kann bestimmte Reize verarbeiten, der andere Mensch (mit einer geistigen Behinderung) kann dies, auch nach ausführlicher Betreuung und/oder Behandlung, nicht. Menschen sind und bleiben Individuen. Das zeigt sich erneut, wenn wir das Erleben der Menschen auf dem Gebiet der Sexualität und Beziehungen in den Mittelpunkt stellen, weil sich dann die Vielfalt auf diesem Gebiet zeigt.

Wir passen uns normalerweise gerne an das Erleben des anderen Menschen an, schließlich geht es um seine Entfaltung. Solange der Betroffene sich selbst oder anderen nicht schadet, besteht kein Grund, ihn in seinen Möglichkeiten einzuschränken. Wenn dies jedoch der Fall ist, haben wir einen berechtigten Grund, von unserer Verantwortung Gebrauch zu machen.

Im vierten Kapitel konnten Sie lesen, dass sich Einheitlichkeit in der Tatsache äußern kann, dass wir Vielfalt gewährleisten. Natürlich verlangt die Anpassung an das Erleben des individuellen Menschen von der Umgebung eine sehr spezifische Haltung, die das persönliche Erleben von Sexualität und Beziehungen keinesfalls als allein seligmachend ansehen darf und es daher anderen weder vorenthalten noch auferlegen sollte. Dann würden wir unsere eigene Norm als einzige „Wahrheit" ansehen und wären über die Anzahl der von uns „festgestellten Abweichungen" verzweifelt und moralisch entrüstet.

Wenn wir die eigenen Normen krampfhaft verteidigen, leben wir ständig auf Kriegsfuß mit Andersdenkenden. Im Grunde genommen beschäftigen wir uns dann nur noch mit uns selbst und geben anderen keinen Raum.

Ein solches Verhalten müssen wir um der Klienten willen ablegen, um professionell zu handeln. So haben wir weniger Mühe mit uns selbst und stehen einem anderen nicht im Wege. Und es gelingt uns besser, uns in das Erleben eines anderen hineinzuversetzen.

5.5 Anregungen zur Diskussion und zum Rollenspiel

1. Vielfalt

Sie haben gelesen, dass die Vielfalt auf dem Gebiet der Sexualität und der Beziehungen bei Menschen mit einer geistigen Behinderung sehr groß ist. Das sexuelle Erleben ist eine sehr individuelle Angelegenheit. Versuchen Sie gemeinsam herauszufinden, welches Erleben der ihrer Verantwortung anvertrauten Menschen Sie akzeptieren können und welches nicht. Die Beispiele aus dem fünften Kapitel könnten einen Ansatzpunkt für diese Diskussion bilden. Stellen Sie zwei Rubriken auf: Was können Sie tolerieren und was nicht? Wenn Sie anschließend diese Rubriken näher betrachten, sehen Sie dann einen logischen Zusammenhang innerhalb der Erlebnisse? Sind Sie sich untereinander einig? Wie kann man dies erklären?

2. Ein Beispiel

Johann ist 25 Jahre alt und lebt in einer dezentralen Wohneinheit. Seine Eltern wenden sich verlegen an eine Betreuerin und fragen um Rat. Sie berichten, dass Johann bei ihnen zu Hause von „zusammen ins Bett gehen" und „schönen Mädchen" spreche. Sie sind ziemlich unsicher, wie sie mit dieser Situation umgehen sollen. Die Mutter will eigentlich nichts davon wissen: „Wir sollten keine schlafenden Hunde wecken." Der Vater hat jedoch den Eindruck, dass Johann begleitet werden müsse, aber wie?

Im Team der dezentralen Wohneinheit reagierten die Mitarbeiter nicht besonders überrascht auf diese Frage. Das Team registriert einen deutlichen Hilferuf auf sexuellem Gebiet. Johanns sexuelles Bedürfnis ist groß und treibt ihn manchmal zu einem leicht sexuell angehauchten Verhalten gegenüber seinen Betreuerinnen. „Verständlich, aber lästig", ist die Meinung des Teams. Johann masturbiert regelmäßig (Was wissen die Eltern darüber?), hat keine Freundin und redet in der Gruppe ständig über Mädchen. Das Team möchte Johann gern helfen, eine Freundin zu finden. Oder gibt es andere Möglichkeiten, auf seinen Hilferuf zu reagieren?

An diesem Morgen treffen sich die Eltern mit zwei Betreuern (m/w), einem Leiter (m/w) und einem Heilpädagogen (m/w). Der Leiter übernimmt den Vorsitz der Besprechung. Der Heilpädagoge gibt – zusammen mit dem Leiter und den Betreuern – seine Einschätzung von Johanns Sexualleben ab. Der Heilpädagoge erläutert gemeinsam mit dem Leiter die Haltung der Einrichtung in Bezug auf Sexualität und Beziehungen. Die Betreuer versuchen den Eltern Johanns Verhalten in der Gruppe darzulegen. Die Mutter möchte vorerst nichts von einem sexuellen Hilferuf Johanns wissen (sie findet dies an den Haaren herbeigezogen). Der Vater steht dem Hilferuf offen gegenüber: „Nichts Menschliches ist diesem Jungen fremd."

Versuchen Sie in einem Rollenspiel zu einer befriedigenden Reaktion auf Johanns Hilferuf zu gelangen. Analysieren Sie anschließend das Rollenspiel. Was ist Ihnen aufgefallen?

6. Sexuelle Aufklärung:
Jeder hat ein Recht darauf

6.1 Einführung

Es ist durchaus nicht meine Absicht, in diesem Kapitel alle Themen zu behandeln, die mit der sexuellen Aufklärung von Menschen mit einer geistigen Behinderung zusammenhängen. Sexuelle Aufklärung ist ein wesentlicher Teil der Erziehung. Sie beinhaltet Informationen, auf die jeder Mensch, ob er nun behindert ist oder nicht, ein Recht hat. Allein über dieses Thema könnte ich ein ganzes Buch schreiben, aber das ist gar nicht nötig: Es gibt bereits eine sehr gute Veröffentlichung zu diesem Themenbereich. Vor einiger Zeit ist ausgezeichnetes Material zur sexuellen Aufklärung speziell für Menschen mit einer geistigen Behinderung erschienen. Da ich das Rad nicht noch einmal neu erfinden möchte, verweise ich gerne auf dieses Material (Rutgers Stiftung/PRVG, 1992; Groesbeekse Tehuizen/Hogeschool Nimwegen, 1994). Jede Einrichtung oder Organisation, die etwas auf sich hält und auf irgendeine Art und Weise mit Fragen auf dem Gebiet der Sexualität und Beziehungen bei Menschen mit einer geistigen Behinderung zu tun hat, sollte meiner Meinung nach diese Informationen zur Verfügung haben. Mit ihrer Hilfe können wir als Einrichtung oder Organisation den uns anvertrauten Menschen viel besser gerecht werden.

Trotz alledem komme ich in diesem Buch nicht um dieses Thema herum – und ich widme mich ihm gerne. Ich werde es abschnittsweise behandeln und mich dabei auf meine eigenen Erfahrungen sowie auf ausgewählte Literatur stützen.

Im Abschnitt 6.2 werde ich Ihnen zwei Anekdoten zum Thema erzählen. Anschließend stelle ich die Frage, wie frei wir eigentlich wirklich sind (6.3), und gehe darauf ein, zu welchem Zeitpunkt sexuelle Aufklärung erteilt werden sollte (6.4). Abschnitt 6.5 wird zeigen, dass sexuelle Aufklärung ein sehr weit gefasster Begriff ist. Im Abschnitt

6.6 behandle ich die Begriffe „Konkretisierung" und „Visualisierung" und gehe im Anschluss auf die Themen Selbstbefriedigung (6.7) und Beziehungen (6.8) ein. Im Abschnitt 6.9 soll es darum gehen, wie man ein Kondom und andere Verhütungsmittel benutzt. Im Abschnitt 6.10 stelle ich die meiner Meinung nach äußerst wertvolle Arbeit der niederländischen Stiftung für alternative Partnervermittlung, „Alternative Relatiebemiddeling", vor. Mit dem Sinn und Unsinn von Pornografie werde ich mich im Abschnitt 6.11 beschäftigen. In Abschnitt 6.12 betone ich, wie wichtig Offenheit auf all diesen Gebieten ist, da sie hilft, Ohnmacht und Hilflosigkeit zu verhindern. Zum Abschluss finden Sie Fallbeispiele und Anregungen zur Diskussion (6.13).

6.2 Zwei Anekdoten

Vor einigen Jahren stand das im vorigen Abschnitt erwähnte, konkrete und übersichtliche Aufklärungsmaterial noch nicht zur Verfügung, sodass die Betreuer von Menschen mit einer geistigen Behinderung sehr viel mehr Kreativität und Fantasie aufbringen mussten, um ihre Klienten gut aufzuklären. Das war vor allem dann nötig, wenn etwas anschaulich dargestellt werden sollte, wie folgendes Beispiel zeigt.

Klaus und Karin wurde mit Hilfe eines Besenstiels erklärt, wie man ein Kondom überstreift. Das Kondom soll, wenn der Penis steif ist, von der Spitze aus über den Penis abgerollt werden. Dabei soll die Spitze des Kondoms mit Daumen und Zeigefinger festgehalten werden, damit das bei der Ejakulation freiwerdende Sperma aufgefangen werden kann. Sofort nach der Ejakulation soll der Penis aus der Vagina herausgezogen werden, und zwar so vorsichtig (das Kondom dabei festhalten!), dass kein Sperma herausfließen kann. Auch auf scharfe Fingernägel soll geachtet werden. Klaus und Karin wurden weitere deutliche Beispiele vorgeführt, mit dem bereits erwähnten Besenstiel als Anschauungsmaterial.

Als der Betreuer sich später vorsichtig bei Klaus nach dessen Erfahrungen in der letzten Nacht erkundigte, schien etwas schief gegangen zu sein, obwohl er doch alles so gut erklärt hatte. Klaus und Karin hatten, wie sie sagten, herrlich miteinander geschlafen. Das Kondom war stummer Zeuge. Es befand sich ordentlich abgerollt auf dem Besenstiel, neben dem Bett ...

Auch Joop und Anita waren ausführlich aufgeklärt worden. Dabei war über Freundschaft, Schmusen und Miteinander-ins-Bett-Gehen gesprochen worden. Auch Selbstbefriedigung und die Tatsache, dass beide Lust haben müssen, bevor man etwas miteinander anfängt, sowie das korrekte Benutzen eines Kondoms und noch vieles mehr waren zur Sprache gekommen. An diesem Abend wollten Joop und Anita zum ersten Mal miteinander schlafen. Am Nachmittag traf der Betreuer Joop in seinem Zimmer an.

„Bist du schon ein bisschen nervös?", fragte der Betreuer Joop ganz beiläufig.

„Nein", sagte Joop, sichtlich nervös.

„Das ist gut", sagte der Betreuer, „und das mit dem Kondom, das schaffst du doch, oder?"

„Natürlich", antwortete Joop und öffnete schnell den Reißverschluss seiner Hose. „Guck mal", sagte er und strahlte vor Stolz: „Ich hab's schon um!"

6.3   Wie frei sind wir eigentlich?

Die Beispiele aus der Praxis zeigen, dass wir uns bei der Aufklärung gar nicht klar und deutlich genug ausdrücken können. Wir denken oft, dass wir offen seien und keine Tabus mehr kennen. Von dieser Offenheit ist unsere Zielgruppe abhängig. Aber wie konkret sind wir tatsächlich, wenn es wirklich darauf ankommt? Ich habe den Eindruck, dass wir im Allgemeinen nicht so offen sind, wie wir denken, und dass wir oft um den heißen Brei herumreden. So halten wir uns selbst zum Narren und bleiben „außer Schussweite".

Sehr häufig haben wir einen verschleiernden Sprachgebrauch, der zwar einen Eindruck von Offenheit erweckt, im Grunde genommen verstecken wir uns jedoch dahinter. Wir drücken uns nicht konkret genug aus und lassen unsere Gefühle außen vor. Meistens ist uns das nicht einmal bewusst. Wenn wir zu konkret würden, würden wir mit unseren eigenen Gefühlen und Erfahrungen konfrontiert werden, deshalb ist es einfacher, die Wirklichkeit nicht beim richtigen Namen zu nennen. Aber das ist für Menschen mit einer geistigen Behinderung natürlich völlig unverständlich!

Wenn wir uns selbst offen verhalten, ist die Chance größer, dass auch andere, Kollegen und Klienten, offen zu uns sind. So können wir durch unsere eigene Haltung einen anderen dazu bewegen, sich zu öffnen. Mit unserer Haltung können wir eine gute Atmosphäre schaffen, in der sich der andere so geben kann, wie er ist.

Wenn wir wirklich offen sind – wie es im Grunde genommen auch sein sollte –, bleibt immer noch die Frage, ob uns die Zielgruppe wirklich versteht. Menschen mit einer geistigen Behinderung denken meistens nicht so abstrakt wie wir. Für diese Menschen kann die Aufklärung nicht konkret genug sein (siehe Abschnitt 6.6); deshalb sollten wir möglichst viel konkretisieren und visualisieren.

Sind wir in unserem Sprachgebrauch auch konkret und offen, wenn es um Sexualität und Beziehungen geht? Nennen wir die männlichen Geschlechtsorgane Pimmel, Penis, Schwanz oder Genitalien? Nennen wir die weiblichen Geschlechtsorgane Vagina, Muschi, Scheide oder Genitalien? Sprechen wir über Kitzler oder Klitoris, über Zusammen-Schlafen, Vögeln, Miteinander-ins-Bett-Gehen oder Geschlechtsverkehr? Sprechen wir darüber, wie es ist, sich zu streicheln, sich zu berühren, jemanden zu mögen, darüber, wie es ist, verliebt zu sein, mit jemandem zusammen zu sein und sich geborgen zu fühlen, Händchen zu halten, jemanden sehr gern zu haben, jemanden zu lieben, total verrückt nach jemandem zu sein ...: Die Wortwahl ist gar nicht so ausschlaggebend, eine ganze Reihe von Ausdrücken ist denkbar. Wichtig ist aber, dass wir Betreuer uns untereinander über unsere Wortwahl einig sind und dass die Klienten uns verstehen – das ist unser Hauptziel. Darüber hinaus müssen die Klienten und wir mit dieser Wortwahl einverstanden sein und der Sprachgebrauch muss vor allem der Erlebniswelt der Klienten entsprechen, wenn möglich natürlich auch der unseren.

Einen Katalysator einsetzen

In Teambesprechungen werden auf ganz unterschiedliche Weise Gedanken zu diesem Thema ausgetauscht: Dem einen Team fällt es leichter damit umzugehen als einem anderen. Im einen Team herrscht große Offenheit (die Folge eines langwierigen Prozesses, an dem immer wieder gearbeitet werden muss), während im anderen Team das Gespräch in Gekicher endet. In vielen Teams wird sogar überhaupt nicht darüber gesprochen. Leider, muss ich sagen, weil es wirklich notwendig ist. Es kann hilfreich und sinnvoll sein, für dieses Thema einen Katalysator einzusetzen: Jemanden, der nicht so viele Schwierigkeiten damit hat, die Dinge beim Namen zu nennen, und der die Gespräche in der Einrichtung in Gang bringen kann. Das kann eine Vertrauensperson sein, zum Beispiel der Leiter bzw. die Leiterin, der Heilpädagoge, die Psychologin oder ein anderes Teammitglied. Es kann auch eine außenstehende Person sein, zum Beispiel ein Experte der Rutgers Stiftung oder eine Sexualforscherin des Instituts für ambulante Psychiatrie.

Es ist sehr nützlich, regelmäßig miteinander über die Sexualität und die Beziehungen der Menschen, für die wir verantwortlich sind, zu sprechen, auch im Zusammenhang mit unserer eigenen Grundeinstellung und den unterschiedlichen Normen und Werten (vgl. Kapitel 3 und 4). Wenn wir uns schließlich auch noch die Tatsache bewusst machen, dass sich die Zusammensetzung der Teams zur Betreuung von Menschen mit einer geistigen Behinderung sehr oft verändert („legalisierte Untreue!" nannte das neulich jemand mir gegenüber), bekommt die regelmäßige Durchführung dieser Gespräche ein noch größeres Gewicht. Im Allgemeinen ist das Eis bei diesen Gesprächen sehr schnell gebrochen, vor allem wenn Ernst und Humor (ein unschätzbares Hilfsmittel zur Relativierung und sehr gesund!) gleichberechtigt nebeneinander bestehen dürfen. Es ist wirklich verblüffend zu sehen, wie schnell Menschen überzeugt werden können und wie schnell ihnen geholfen werden kann. Dafür brauchen wir ein Team, in dem wir uns sicher fühlen und uns gegenseitig respektieren, ungeachtet aller eventuellen Meinungsverschiedenheiten.

6.4 Wann sollten wir sexuell aufklären?

Die Frage, wann wir jemanden sexuell aufklären sollten, ist eigentlich eine merkwürdige Frage, dennoch wird sie gestellt. Wir gehen davon aus, dass der Mensch ein sexuelles Wesen ist (siehe Abschnitt 3.6). Im Prinzip müssen wir also immer aufklären und dabei die individuellen Möglichkeiten und Unmöglichkeiten der Betroffenen berücksichtigen. Wenn wir jedoch an die Grenzen ihrer Möglichkeiten stoßen, wachsen bei uns für gewöhnlich Zweifel an der Durchführbarkeit einiger Teilaspekte der Aufklärung.

Sexualaufklärung ist ein persönliches Recht. Wir stärken die Autonomie eines anderen, indem wir ihm beibringen, seine Schnürsenkel selber zuzubinden. Und wir stärken die Fähigkeit und das Recht zur Selbstbestimmung des anderen, wenn wir ihn sexuell aufklären. Die Sexualaufklärung dürfen wir grundsätzlich nicht vernachlässigen, sie ist Teil der Betreuung des Klienten und des Umgangs mit ihm.

Im Zweifel immer aufklären

Manchmal können wir Zweifel haben, ob bei einem Menschen wirklich sexuelle Bedürfnisse und Fragen bestehen. Unsere eigene Unsicherheit kann dazu führen, dass wir dieses Thema ständig vor uns herschieben (und Aufschub führt meistens dazu, dass wir das Vorgenommene am Ende doch nicht durchführen). Im Zweifel sollten wir jedoch immer aufklären, und zwar mit dem Ziel, herauszufinden, ob auf dem Gebiet der Sexualität und der Beziehungen noch Fragen bestehen, die nicht beantwortet worden sind. Wenn dies der Fall ist, dann können diese Fragen jetzt beantwortet werden; wenn nicht, haben wir als Betreuer auf jeden Fall Verantwortungsgefühl bewiesen und Klarheit über diesen Teil der Begleitung erhalten. Diesem Thema und diesem einen Menschen sind wir gerecht geworden und haben unsere Zweifel beseitigt. Das gibt uns ein gutes Gefühl. „Aber wenn wir damit erst recht Probleme hervorrufen?", wird oft gefragt. Dann müssen diese Probleme besprochen und betreut werden, lautet die Antwort, und das ist unsere Aufgabe.

„Aber wir könnten auch schlafende Hunde wecken", ist eine ähnliche Aussage, die ich immer wieder höre. Mit einer solchen Einstellung können wir allerdings vielen Menschen mit einer geistigen Behinderung wichtige Informationen vorenthalten. Lernen, über Sexualität zu reden, hat viele Vorteile. Es ist eine Möglichkeit, die Gefahr des sexuellen Missbrauchs zu verringern, und damit könnte so manchem viel Leid erspart werden (siehe auch Kapitel 7). Außerdem wird es einfacher, eine Beziehung aufrechtzuerhalten und Ohnmacht zu vermeiden. Wir verstehen uns selbst und andere besser und unser persönliches Recht als Mensch wurde respektiert.

Die obige Bemerkung über schlafende Hunde, die eventuell nur auf Angst beruht, kann dazu führen, dass wir Verantwortlichkeiten aus dem Wege gehen und damit verhindern, dass sich latente Bedürfnisse manifestieren können. Dadurch kann es passieren, dass die Möglichkeiten bestimmter Menschen übersehen und ihre Chancen verpasst werden. Wenn der Hund andererseits nicht geweckt wird, gab es anscheinend auch kein Bedürfnis – zumindest das ist dann deutlich geworden. Wenn der Hund aber geweckt wird, ist es unsere Aufgabe einzuschätzen, ob es sich um Bedürfnisse handelt, die betreut werden müssen.

So sagt Sondorp (in Jansen/Stael-Merkx, 1979): „Wenn wir Menschen mit einer geistigen Behinderung genug Spielraum geben, um selbst zu entdecken, was ihre Möglichkeiten sind, dann können diese Menschen selbst entscheiden, ob sie sexuellen Kontakt wünschen oder nicht. Wenn dadurch Probleme entstehen, wie zum Beispiel Unsicherheit und dergleichen, dann wird dieser Mensch sich selbst Fragen stellen oder Hilfe suchen. Die Gefahr von Ausschweifungen, ‚hemmungslosen Triebäußerungen' und dergleichen ist nicht größer als bei ‚normalen Menschen'." Ich stimme diesem Zitat voll und ganz zu. Darüber hinaus würde ich gern die Bemerkung hinzufügen, dass es unsere Aufgabe ist, herauszufinden, ob es vielleicht Fragen gibt, die einfach nicht deutlich genug gestellt worden sind, und ob für diese Fragen Hilfe notwendig ist.

Die Redewendung „Schlafende Hunde soll man nicht wecken" gefällt mir persönlich nicht, weil sie die Sexualität in ein viel zu negatives und düsteres Licht rückt, so als wäre sexuelle Energie eine negative Energie. Das Erleben von Sexualität, auf welche Art und Weise auch immer, kann sehr schön und bereichernd sein. Es kann uns ein befreiendes Gefühl geben oder ein Gefühl von Verbundenheit, Vertrautheit und Nähe. Sexualität bedeutet die Erfahrung, etwas Wesentliches mit einem anderen zu teilen. Wenn jedoch die Angst überwiegt, ist die Chance sehr gering, dies alles zu entdecken. Dennoch will ich versuchen, mich in die Ängste und Sorgen zum Beispiel von Betreuern, Leitern und vor allem manchen Eltern von Menschen mit einer geistigen Behinderung hineinzuversetzen (ich werde darauf in Kapitel 8 zurückkommen).

Sexualaufklärung kann bereits in der Kindheit stattfinden, spätestens jedoch zu Beginn oder kurz vor der Pubertät. Während der Pubertät entsteht eine Menge neuer, beeindruckender körperlicher Empfindungen. Der Körper verändert sich sehr schnell und sorgt für ganz neue Erfahrungen, wie zum Beispiel die erste Menstruation und der erste Samenerguss. Das bringt viele, zum Teil verwirrende und zum Teil bereichernde Gefühle mit sich.

Viele Menschen fangen an, sich mehr für ihren eigenen Körper und den der anderen zu interessieren. Wenn wir allerdings sexuelle Aufklärung als eine Form der Erziehung sehen, müssen wir noch viel früher damit beginnen.

6.5 Sexuelle Aufklärung ist normaler Teil der Erziehung und Begegnung

6.5.1 Sexuelle Aufklärung ist eine Grundhaltung

Von Geburt an fühlt sich der Mensch zu den Objekten in seiner Umgebung hingezogen und zu diesen Objekten zählen auch andere Menschen. Diese wiederum fühlen sich zu dem neuen Menschen hingezogen, sodass eine Wechselwirkung entsteht. Die Anziehungskraft zwischen den Menschen besteht damit schon von Geburt an. Im Rahmen dieser gegenseitigen Anziehungskraft innerhalb einer Beziehung findet Persönlichkeitsentwicklung statt.

Die Sexualität könnte als eine Form der Anziehungskraft zwischen Menschen umschrieben werden, die immer vorhanden ist. Wir kommunizieren ständig miteinander, meistens sogar mehr nonverbal als verbal: Wir können gar nicht „nicht kommunizieren".

In diesem Sinne können wir festhalten, dass der Mensch seinem Leben von der Geburt bis zum Tod eine sexuelle Gestalt gibt. Diese Gestalt beinhaltet viel mehr und ist von ganz anderer Art als irgendein Geschlechtsakt, was nicht heißen soll, dass Letzterer nicht auch sehr schön und bereichernd sein kann. Wie Sie im Abschnitt 5.2 lesen konnten, schenken wir diesem Aspekt in unserer heutigen Kultur jedoch außergewöhnlich viel Aufmerksamkeit.

Die Sexualität ist mit dem Leben eines jeden Einzelnen untrennbar verwoben und lässt sich, so betrachtet, nicht leugnen, sie hat einen festen Platz in unserem Leben. Daraus folgt automatisch, dass jeder Mensch das Recht auf sexuelle Aufklärung hat, also auch Menschen mit einer geistigen Behinderung. Aus dieser Perspektive betrachtet wird auch klar, dass die Umgebung sogar die Pflicht hat, den anderen sexuell aufzuklären, in welcher Eigenschaft auch immer.

Intimität ist eine Form der Sexualität und – hoffentlich – immer vorhanden. Wie kommen wir dabei zum Kern? Wie ‚verkörpert' sich dabei unsere Haltung gegenüber uns selbst und gegenüber anderen? Sexuelle Aufklärung scheint auch deshalb ein sehr wichtiger Teil der Erziehung und Begegnung zu sein, weil sie entscheidend unser Körperbild prägt, das Bild, mit dem wir uns selbst und anderen begegnen, also einem bestimmten Gefühl für uns selbst.

Die oben erwähnte Anziehungskraft kann vielerlei Formen annehmen. Jemanden kurz berühren, eine andere niemals berühren, jemandem einen Arm um die Schulter legen, jemandem in die Augen schauen, miteinander ins Bett gehen, ein bestimmtes Gefühl bei einem anderen haben: „Ich fühle mich wohl bei dir." Nähe, Wärme, Zuneigung, Händchen halten, Kuscheln – all das kann es sein.

Was wir einem anderen geben können, das sind wir selbst. Wir geben uns selbst und unser Selbstbild an einen anderen weiter und beeinflussen damit in großem Maße das (körperliche) Erleben des anderen. „Ein Kind erhält Einblick in sich selbst aufgrund seiner zu dem bzw. den Anderen entstandenen Beziehung(en). Im Laufe dieses Prozesses entwickelt sich auch ein Bild vom Selbst ..." (Bosch, 1994b). Dieses Bild kann, zum (größten) Teil als Folge dieser Beziehungen, positiv oder negativ sein. Das Gleiche gilt für unser Körperbild. Unser Selbstbild entwickelt sich bereits von Geburt an aufgrund der Signale, die unsere Umgebung kontinuierlich aussendet in Bezug auf unser Verhalten und die Art und Weise, wie wir uns körperlich äußern. In diesem Sinne ist sexuelle Aufklärung tägliche Nahrung und sogar noch mehr: *Sexualaufklärung ist eine Grundhaltung.*

Oft höre ich das Argument: „Aber ich bin kein Fachmann. Wir haben niemanden mit Fachkenntnissen im Hause." Meiner Meinung nach wird durch eine solche Bemerkung der Wahrheit Gewalt angetan. Jeder hat eine Grundhaltung, die er weitergibt, und dessen sollte er oder sie sich bewusst sein. Aufklärung ist im Grunde genommen etwas Selbstverständliches, genau wie Erziehung.

Darüber hinaus ist es meine Erfahrung, dass die meisten Betreuer, die sexuell aufklären – und dabei oftmals ihre eigenen Grenzen und ihre Scham überschreiten müssen –, nach einiger Zeit sogar sagen: „Es ist eine schöne Aufgabe, sexuell aufzuklären."

Das Körperbild

Auch unser Körperbild ist in der Interaktion mit Erziehern, Betreuern und anderen wichtigen Bezugspersonen entstanden. Körperbild und Selbstbild stimmen oft überein, denn Körper und Geist sind zwei Seiten der gleichen Medaille.

Die Erzieher und andere wichtige Bezugspersonen können viel Einfluss darauf ausüben, wie ein Kind seinen Körper erlebt, und tragen daher große Verantwortung. Oft geben diese Personen ihre eigene Einstellung weiter, zu sich selbst und zu ihrem Körper. Wenn ein Kind regelmäßig erfährt, dass das Berühren der eigenen Geschlechtsorgane „schmutzig" ist – und dies geschieht häufig ohne es auszusprechen –, wird die Körperwahrnehmung beeinflusst: Es kann das Gefühl entstehen, dass sich das „nicht gehört". Das Bewusstsein der Körperlichkeit kann in der Erziehung auch völlig ignoriert werden (viele Familienmitglieder sehen einander niemals nackt). Andererseits können Erzieher, Betreuer und andere wichtige Bezugspersonen durch ihre Haltung zeigen, dass Körperlichkeit ganz normal ist, dass sie zum Leben dazugehört und keinesfalls etwas ist, wofür man sich schämen muss. Wenn wir uns als Eltern normal verhalten, Fragen beantworten und unsere Körperlichkeit nicht ignorieren, kann ein Kind lernen, positiv über seinen eigenen Körper zu denken. Mit Hilfe dieser natürlichen Haltung wird es auch selbstverständlicher, dass das Kind sich selbst und anderen positiver entgegentritt. Es ist die Kunst, beim Erleben des Kindes anzusetzen. Wenn uns das gelingt, fühlt sich das Kind anerkannt, akzeptiert und verstanden.

6.5.2 Das Körperbild beeinflussen: auf dem Weg zu einem positiven Selbstbild

Eine Bemerkung vorab: Aufklärung kann sowohl in der Gruppe als auch individuell geschehen. Die Vorteile einer Aufklärung in der Gruppe sind: die Möglichkeit, die eigenen Erfahrungen bei den Teilnehmern wiederzuerkennen, die Wahrnehmung von Unterschieden (*Vielfalt*) und die Erfahrung, dass das alles ganz normal und selbstverständlich ist. Individuelle Aufklärung kann stattfinden, wenn jemand dem Druck nicht gewachsen ist oder wenn die Privatsphäre gewahrt bleiben soll.

Geringes Selbstvertrauen: eine schlechte Ausgangsposition
Viele Menschen mit einer geistigen Behinderung haben ein geringes Selbstvertrauen. Oft spricht man von einem negativen Selbst- bzw. Körperbild. So manches Mal haben sich diese Menschen anhören müssen, dass sie sich nicht an die Anforderungen, die die Umgebung an sie stellt, anpassen können. Das sind Erfahrungen, die das Selbstbild beeinflussen.

Je positiver unser Selbstbild ist, desto größer ist die Chance, dass wir unsere Möglichkeiten und Unmöglichkeiten kennen, auch auf sexuellem Gebiet. Mit unserem Selbstbild begegnen wir anderen. Je positiver unser Bild dabei ist, desto besser können wir Grenzen setzen und den Wünschen und Bedürfnissen anderer Rechnung tragen. Deshalb sollten wir bei der sexuellen Aufklärung beim Selbstbild der Betroffenen beginnen.

Als Betreuer/Lehrkräfte/Eltern können wir auf dieser Basis eine Gruppe von Menschen mit einer geistigen Behinderung aufklären, und zwar am besten zu zweit, damit wir uns hinterher Feedback geben und das Ganze gemeinsam evaluieren können.

Ich nenne hier einige Schwerpunkte, die ich aus der Praxis kenne. Für eine ausführliche und äußerst detaillierte Aufklärungsmethode möchte ich nochmals auf Rutgers Stiftung/PSVG (1992) und Klos/Hogeschool Nimwegen (1994) hinweisen.

Mit Hilfe von Gesprächen, Spielen und Übungen können wir zusammen mit den Klienten herausfinden, wie jeder sich selbst und andere sieht (dies ist vor allem bei Menschen mit einer mittleren oder leichten Behinderung möglich). Dieses Bild, das wir von uns selbst und von anderen haben, können die Betreuer durch ihre eigene Haltung (im Sinne einer Bewusstmachung) verdeutlichen und beeinflussen. Jeder hat etwas Positives an sich! So können wir zum Beispiel zunächst unser eigenes Äußeres und unsere Eigenschaften beschreiben und anschließend die der anderen, und zwar so konkret wie möglich. Als Hilfsmittel können wir Bilder aus Zeitschriften hinzuziehen. Wir können uns erzählen, was wir an uns und bei anderen mögen. Das kann etwas Äußerliches sein (ein schöner Pullover, schöne lange Haare) oder auch eine Eigenschaft (mit dir kann ich lachen, du bist lieb, ich bin stark).

Die Betreuer sollten die positiven Bemerkungen verstärken, sowohl verbal als auch nonverbal.

Bei solchen Spielen kann man keine „Fehler" machen. Menschen mit einer geistigen Behinderung haben in der Regel schon eine Menge negativer Erfahrungen gemacht, beispielsweise in der Schule. Unterrichtssituationen rufen bei ihnen daher oft negative Assoziationen hervor. Deshalb soll dies ein Spiel sein, das Spaß macht und interessant ist. Dabei muss jedes Spiel einige Male wiederholt werden, denn Menschen mit einer geistigen Behinderung brauchen Zeit, um sich die Bilder und Gedanken einzuprägen. Man beginnt ganz langsam und bildet zunächst eine Grundlage. Nach und nach werden die Ideen und Themen mit zunehmendem Schwierigkeitsgrad ausgebaut *(schrittweise Realisierung)*.

Einige didaktische Grundprinzipien:
➢   Offenheit auf Seiten der Betreuer

➢ So konkret wie möglich sein
➢ Positiv verstärken, verbal und nonverbal
➢ Es können keine Fehler gemacht werden
➢ Regelmäßige Wiederholung: Dann bleibt es besser im Gedächtnis haften
➢ Schrittweise Realisierung

Die Praxis zeigt, dass sich das Körper- und Selbstbild einer bestimmten Gruppe von Menschen mit einer geistigen Behinderung nur schwer verändern lässt. Das kann allerlei Ursachen haben. Eine Möglichkeit ist, dass die betreffende Person Opfer eines sexuellen Missbrauchs gewesen ist (diese Gruppe ist leider viel größer als wir annehmen). Die Folgen können so ernsthaft sein, dass einfache sexuelle Aufklärung nicht mehr ausreicht und sogar kontraproduktiv sein könnte. In diesem Fall kann eine Therapie, begleitet von weiteren heilpädagogischen Maßnahmen, erforderlich sein. Im folgenden Kapitel werde ich ausführlicher auf das Thema „sexueller Missbrauch" eingehen.

Nachdem wir uns selbst betrachtet haben, können wir unsere Körperteile benennen. Manche Körperteile sind bekannt, andere weniger. Es ist erstaunlich, dass viele Menschen mit einer geistigen Behinderung einige Körperteile überhaupt nicht kennen, geschweige denn deren Funktion. Welche Teile unseres Körpers finden wir schön und auf welche sind wir stolz? Zeigen wir sie uns gegenseitig!

Der Erfolg solcher Spiele hängt von der Einstellung der Betreuer ab. Wenn sie sich normal verhalten und deutlich machen, dass es unter bestimmten Umständen die normalste Sache der Welt ist, über Brüste, die Vagina und den Penis zu reden, reagieren die Teilnehmer der Spielgruppe schon bald genauso. Die Betreuer haben, ob bewusst oder unbewusst, innerhalb und außerhalb der Spielgruppe Vorbildfunktion. Aufgrund ihrer Abhängigkeit sind Menschen mit einer geistigen Behinderung dafür sehr sensibel.

In diesen Spielsituationen können wir Bilder von nackten Männern und Frauen vom Baby- bis zum Greisenalter zeigen. Wir können konkret über die Unterschiede zwischen Männern und Frauen sprechen und diese anhand der Bilder erläutern. Gemeinsam können wir feststellen, dass die Menschen sich verändern, und auf diese Veränderungen hinweisen. Die Menschen sehen sehr unterschiedlich aus! Wundern Sie sich zusammen mit Ihren Klienten darüber und betonen Sie, dass jedes Aussehen in Ordnung ist, dass es ganz normal ist, dass Menschen sich voneinander unterscheiden.

Mit einem solchen Vorgehen erzeugen wir Respekt vor unserem eigenen Körper und vor dem Körper anderer. Auch die Wahrscheinlichkeit, dass jemand mit seinem eigenen Körper zufrieden ist, wird größer. Es gibt Menschen mit kurzen und langen Haaren, dicke Menschen, dünne Menschen, Frauen mit großen Brüsten und Frauen mit kleinen Brüsten, Männer mit einem großen Penis und Männer mit einem kleinen Penis.

Wir können auch, wiederum mit Hilfe von bildlichem Anschauungsmaterial, zusammen mit unseren Klienten darüber sprechen, welche Teile unseres Körpers wir gerne berühren. Wir können darüber reden, dass es schön sein und ein gutes Gefühl hervorrufen kann, wenn man sich selbst berührt. Von hier aus kommen wir wie von selbst auf das Thema Selbstbefriedigung. Wir sollten aber vorher mit den Kollegen vereinbaren, ob dieses Thema in der Gruppe oder individuell erörtert werden soll.

Veränderungen während der Pubertät
Unser Körper verändert sich sehr stark, insbesondere während der Pubertät. Wir können daher mit unseren Klienten auch auf das Körperwachstum eingehen, auf die Veränderungen der Geschlechtsorgane (ihr Wachstum und ihre Behaarung), den Stimmbruch, die Menstruation, den Samenerguss und, je nach Alter und kognitivem Niveau der Gruppenteilnehmer, auf die Selbstbefriedigung. Es ist interessant zu sehen, was die Teilnehmer davon schon kennen (siehe auch Abschnitt 6.7). Und auch die eigene Wahrnehmung dürfen wir nicht vergessen: Wie erlebe ich diese Veränderungen? Auch Gefühle wie Verliebtheit können genannt und besprochen werden.

Wichtig ist es, bei diesen Themen Bilder und Filme einzusetzen, die absolut klar und eindeutig sind. In der individuellen Betreuung können wir den Klienten oder die Klientin sich im Spiegel betrachten lassen.

Es gibt Menschen mit einer geistigen Behinderung, die sich noch nie vollständig betrachtet haben.

Ich habe erlebt, dass erwachsene Menschen völlig erstaunt über ihr Aussehen waren; und auch viele Menschen ohne geistige Behinderung kennen dieses Erstaunen in fortgeschrittenem Lebensalter. (Vor kurzem erzählte eine Betreuerin, dass sie bis zu ihrem fünfundzwanzigsten Lebensjahr noch nie ihren eigenen Körper betrachtet habe; sie schämte sich deshalb und lernte jetzt nach und nach ihren eigenen Körper kennen.)

Verläuft die Pubertät dieser Menschen anders?
Während der Pubertät geschehen viele Dinge. Es ist allgemein bekannt, dass die Phase zwischen Kindheit und Erwachsensein eine Phase ist, in der viel experimentiert wird, auch auf sexuellem Gebiet. Viele Menschen haben auch den Raum dafür bekommen. Anschließend wird von allen erwartet, dass sie wissen, wer sie sind und was sie wollen. Die Gesellschaft ist nun im Allgemeinen weniger tolerant gegenüber Experimenten – im Gegensatz zur recht toleranten Haltung gegenüber den Eskapaden in der Pubertät.

Wie haben wir selbst diese Phase erlebt? Oft haben die Jungen über die Mädchen geredet und die Mädchen über die Jungen. Insgesamt lösen sich die Jugendlichen nun deutlich von ihren Eltern (bei vielen zeigt sich dies in Form einer zweiten Trotzphase). Sie haben Geheimnisse, die sie mit anderen Jugendlichen teilen. In der Schule wird ausgiebig geredet und geflirtet und die ersten Pärchen bilden sich. Viele hängen Fantasien und Tagträumen nach oder reden über Filme, Bücher und Fernsehprogramme.

Etliche Jugendliche lernen voneinander und festigen ihre Rolle und ihr Selbstbild, indem sie sich dem Code der Gruppe anpassen. So mancher holt während dieser Zeit das fehlende Wissen mit Hilfe von Freunden nach. All diese Aktivitäten bedeuten einen wertvollen Austausch von Gefühlen, Fantasien und Gedanken. Vieles erkenne ich bei den anderen wieder (sie sind genauso wie ich!) und man bekommt die Gelegenheit, sich ein Bild darüber zu machen, wer man ist und was man will. Wenn wir auf diese Art und Weise mit unseren Leidensgenossen reden konnten, in einer Atmosphäre, die von Offenheit und Akzeptanz geprägt war, ist die Chance größer, dass wir ein positives Körperbild behalten oder entwickeln.

Eine verpasste Experimentiermöglichkeit
Wie verläuft die Entwicklung von Menschen mit einer geistigen Behinderung? Durchlaufen sie ihre Pubertät so wie wir? Viele von ihnen tun dies mit an Sicherheit grenzender Wahrscheinlichkeit nicht, sie werden weniger Gelegenheiten haben (oder gehabt haben), Erfahrungen mit Altersgenossen auszutauschen. Wenn wir über ein positives Körperbild sprechen, dürfen wir daher die verpassten Möglichkeiten zum Experimentieren nicht vergessen. Die Wahrscheinlichkeit, dass Menschen mit einer geistigen Behinderung von ihren Eltern beeinflusst worden sind, ist groß. Das kann zwar im positiven Sinne gewesen sein, aber es bedeutet auch, dass diese Menschen wahrscheinlich wenig Möglichkeiten hatten, ihr Selbstbild während der Pubertät eigenständig zu verändern oder zu differenzieren. Das ist vor allem dann schade, wenn die Einstellung der Eltern zur sexuellen Erziehung negativ oder unterdrückend war.

Wenn wir uns die unterschiedliche Entwicklung vor Augen führen, wird uns als Betreuer schnell klar, wie groß unsere Verantwortung im Hinblick auf die sexuelle Aufklärung ist. In einigen Fällen wird es erforderlich sein, das Versäumte nachzuholen.

Jeder macht das durch
Wir sollten immer wieder betonen, dass jeder während der Pubertät die gleichen körperlichen Veränderungen und die eventuell dazu gehörenden Gefühlsschwankungen durchmacht und dass wir uns dafür nicht schämen müssen. Im Gegenteil: Wir können sie sogar genießen. Aber wir *müssen* natürlich gar nichts (siehe auch: Sich ein Bild von etwas machen, Abschnitt 6.5.5). Viele Menschen mit einer geistigen Behinderung müssen auf diese Möglichkeiten verzichten, da ihr Umfeld sie nicht aufklärt. Für die Entwicklung eines positiven Selbstbildes, auch auf körperlichem Gebiet, ist es wichtig, so früh wie möglich mit der Aufklärung zu beginnen. Wenn wir dabei mit dem Körperbild beginnen, wie ich es oben erläutert habe, können wir anschließend nach und nach auf das Erleben der Sexualität eingehen. Je normaler wir mit die-

sem Thema umgehen, desto normaler und selbstverständlicher ist es letztendlich auch für unsere Klienten. Mit der Aufklärung üben wir einen großen Einfluss auf diese Menschen aus: Erteilen wir sexuelle Aufklärung oder nicht? Es gilt: Nicht aufklären ist auch beeinflussen (und zwar in negativer Weise).

Die Menstruation und der Samenerguss stürzen viele Menschen in Verwirrung, das ist auch bei Menschen mit einer geistigen Behinderung nicht anders. Viele verstehen absolut nicht, was mit ihnen geschieht. Wenn wir aber konkrete Erklärungen liefern und betonen, dass nahezu jeder diese Phase durchmacht, können wir Ohnmacht und Hilflosigkeit verhindern.

Bei Gesprächen über Menstruation und Samenerguss wird auch das Thema Geburt zur Sprache kommen. Wir können versuchen zu erklären, wie eine Schwangerschaft entsteht. Dabei können wir sowohl die Geschichte von der Eizelle und der Samenzelle erzählen als auch auf das Miteinanderschlafen eingehen. Wir müssen allerdings vorher sorgfältig zu beurteilen versuchen, ob der oder die Betroffene auch imstande ist, das zu verstehen. Nicht jeder kann das alles begreifen, aber vielleicht eben doch mehr Klienten, als wir denken – wir müssen ihnen das alles nur sehr konkret erklären (vgl. das bereits erläuterte Aufklärungsmaterial).

Bei Gesprächen über Menstruation, Samenerguss und Selbstbefriedigung ist auch ein Wort zur Hygiene erforderlich. Wie Binden bzw. Tampons benutzt werden, kann man gut visualisieren, das Gleiche gilt für das Waschen und Duschen.

Die Veränderungen während der Pubertät können allerlei Gefühle auslösen: Freude und Genuss, Verliebtheit, aber auch Unverständnis, Scham, Ohnmacht und große Verwirrung. Vielleicht auch ein schönes Körpergefühl oder ein angenehmes Gefühl, wenn wir andere Menschen berühren, sie ansehen oder an sie denken. Aber was fangen wir mit diesen Gefühlen an? Darüber können wir sehr konkret mit einer Gruppe von Menschen mit einer geistigen Behinderung reden. Als Aufklärende(r) haben wir die Macht, unseren Klienten den Großteil ihrer Verlegenheit und Unsicherheit zu nehmen, indem wir immer wieder betonen, dass solche Gefühle ganz normal sind – dafür muss sich niemand schämen. Unsere Klienten können dies alles, auch aufgrund der Haltung ihrer Umgebung, als sehr positiv erfahren und sie dürfen auch stolz darauf sein.

6.5.3 Noch einmal zur Vielfalt

Um die Frage, was die Gruppenteilnehmer an ihrem Körper schön finden, ging es bereits. Wir können sie auch fragen, was sie an anderen schön finden. Der eine findet Männer schön, der andere Frauen. Auch dies können wir anhand von Bildern illustrieren. Dabei kann sich herausstellen, dass man sich zum eigenen Geschlecht, zum anderen Geschlecht oder zu beiden Geschlechtern hingezogen fühlt. Darüber kann Verwirrung entstehen, denn viele Menschen mit einer geistigen Behinderung haben in ihrer Erziehung gar nicht mitbekommen, dass es Homosexualität gibt, sie kennen so etwas überhaupt nicht. Hier besteht ein wichtiges Informationsbedürfnis, das durch Aufklärung befriedigt werden kann.

Egbert ist Koch in einer Einrichtung für Menschen mit einer geistigen Behinderung. Egbert ist schwul, er hat einen Freund, für den er manchmal einen Strauß Blumen oder eine Flasche Wein mitnimmt. Wie reagieren die Bewohner darauf? Es stellt sich durch Nachfragen heraus, dass die meisten das nicht verstehen können. Ein Betreuer fragt einen Bewohner, ob er weiß, was ein Homosexueller ist. „Das ist ein Mann, der nackt durch den Wald läuft", antwortet der.

Als Person, die andere aufklärt, haben wir die Möglichkeit, wenn nicht sogar die Pflicht, unsere Klienten darauf hinzuweisen, dass die Geschmäcker verschieden sind, dass es unterschiedliche Veranlagungen gibt: Es gibt homosexuelle, heterosexuelle, bisexuelle Menschen und solche, die gar nicht genau wissen, was sie sind (gemeinsam mit den Klienten können wir auch über die jeweiligen Begriffe und die Wortwahl sprechen). Für unsere Veranlagung brauchen wir uns nicht zu schämen. Wenn wir uns selbst akzeptieren, wird es für uns einfacher, eine Beziehung einzugehen.

114

Wenn wir Menschen auf diese wesentlichen Unterschiede hinweisen, können wir das Thema auch noch etwas erweitern und ihnen, wenn möglich, etwas über die geschlechtsspezifische Sozialisation beibringen. Welche Rollen werden von Männern und Frauen erwartet? Können Frauen Tischler oder Geschäftsführer werden und können Männer lieb sein und für die Kinder sorgen? Wer führt den Haushalt und wer arbeitet außer Haus? Menschen treffen auch hier ihre eigenen Entscheidungen und die Geschmäcker sind verschieden.

6.5.4 Normen und Werte

Für manche Menschen ist es schwierig, sich daran zu halten, „was sich gehört und was sich nicht gehört". Dies gilt auch für Menschen mit einer geistigen Behinderung. Je niedriger ihr – vor allem emotionales – Leistungsniveau ist, desto schwieriger ist es für sie, ein adäquat angemessenes Verhalten zu zeigen. Ganz davon zu schweigen, dass dieses Verhalten auf einem internalisierten Gewissen beruht, d.h. einem Bewusstsein dafür, was sich gehört und was sich nicht gehört (ob wir auch auf dieses Gewissen hören, ist dann wieder eine andere Sache). In diesem Sinne sollten wir das emotionale Niveau der betroffenen Person gut kennen – dadurch wird ihr Verhalten für uns klarer und die Umgebung weiß, was von ihr verlangt wird.

Bernd lebt seit einigen Monaten in einem Behindertenwohnheim. Er kommt ganz gut allein zurecht und fährt auch allein mit seinem Moped in die Stadt. Es bereitet ihm jedoch einige Schwierigkeiten, eine Struktur in sein Leben zu bringen. Abends geht er nicht schlafen (er hat die Tendenz, sich draußen herumzutreiben) und morgens kommt er nicht aus dem Bett. Das führt zu einigen Unstimmigkeiten mit den Betreuern.
Bernd hat ständig Mädchen im Kopf und findet, dass es langsam Zeit für ihn wird, eine Freundin zu finden. Sein Vater denkt genauso; seiner Meinung nach würde sein Sohn durch eine Beziehung mehr Regelmäßigkeit in sein Leben bekommen. Ein paar Mal hat Bernd im Behindertenwohnheim Mädchen angefasst, denen hat das aber

überhaupt nicht gefallen. Als die Betreuer mit den Eltern darüber reden, stellt sich heraus, dass diese Bernds Verhalten zum Teil bereits von früher kennen, als er noch zu Hause war. Bernd hatte immer über den Zaun zu den Nachbarmädchen hinübergeschielt und den Passanten obszöne Worte hinterhergerufen. Den Eltern war es sehr schwer gefallen, etwas dazu zu sagen, deshalb hatten sie es ganz gelassen. Bernd hatte auch regelmäßig im Wohnzimmer mit der Hand in seiner Hose herumgefummelt – zur großen Verlegenheit seiner Eltern. Eltern und Betreuer vereinbaren, Bernd etwas über Normen und Werte zu vermitteln. Sein Bezugsbetreuer erklärt ihm, dass er nur in privaten Räumen masturbieren dürfe (d.h. in seinem eigenen Zimmer und beim Duschen) und wie er mit Frauen respektvoll umgehen kann. Solche Gespräche finden nun regelmäßig statt und Bernd lernt sie schätzen. Diese Regelmäßigkeit ist notwendig, denn Bernd ist emotional gesehen noch ein kleiner Junge (Kindergartenalter) und hat nur wenig Regeln gelernt. Er braucht einen Rückhalt, ein externes Gewissen. Diese Steuerung erhält er von den Betreuern, die ihn ausführlich aufklären.

Das Thema Normen und Werte umfasst ein sehr weites Gebiet. Es beinhaltet unter anderem, dass wir einen anderen nur dann berühren, wenn dieser das auch möchte, und dass wir versuchen, den Wünschen des anderen Rechnung zu tragen (es ist Aufgabe der Betreuer, die Klienten daran zu erinnern). Wir sagen nein, wenn wir etwas nicht wollen, wir schlafen nicht in einem öffentlichen Raum miteinander usw. Viele Menschen mit einer geistigen Behinderung sind besonders körperorientiert und sehr spontan, einige von ihnen wollen jeden umarmen und küssen. Wir könnten eigentlich eifersüchtig darauf sein, oder nicht? Aber ist dieses Verhalten normal? Und welche Reaktionen weckt dieses Verhalten in der Umgebung? Was denken wir über jemanden, der ein solches Verhalten zeigt? Im Allgemeinen finden wir dieses Verhalten nicht normal. Den Menschen mit einer geistigen Behinderung müssen wir erklären, dass es einen Unterschied macht, ob ich einen Menschen küsse, mit dem ich zusammen bin, oder ob ich jemanden küsse, mit dem mich nichts verbindet. Oder wir bringen es der betroffenen Person mit

Hilfe didaktischer Materialien bei. Manchen Menschen mit einer geistigen Behinderung können wir dieses Verhalten allerdings nicht erklären oder nicht abgewöhnen – dann ist dieses Verhalten für diese Menschen normal und wir müssen uns anpassen.

6.5.5   *Sich ein Bild von etwas machen*

Wie sieht das Bild aus, das sich Menschen mit einer geistigen Behinderung von Männern und Frauen, von Sexualität, Wärme und Zuneigung machen? Was hat ihre Umgebung ihnen darüber beigebracht? Trotz aller positiven Beispiele leider sehr wenig, oder aber dieses Bild entspricht überhaupt nicht der Wirklichkeit. Fiktion und Realität können sehr weit auseinander gehen. Fernsehen, Video, Filme, Zeitschriften und andere Medien sorgen oft dafür, dass die Fiktion aufrechterhalten wird und die Sexualaufklärung unterbleibt. Menschen mit einer geistigen Behinderung reagieren ziemlich stark auf Bilder, deshalb liegt hier eine besonders große Verantwortung der Betreuer: die Verantwortung, den Unterschied zwischen Fiktion und Realität deutlich zu machen. Viele Bilder, die wir sehen, spiegeln die Wirklichkeit nicht wider, aber viele Menschen (mit einer geistigen Behinderung) sind sich dessen nicht bewusst.

> Ewald und Annabelle wurden von den Betreuern ausführlich aufgeklärt. Eines Tages teilen sie ihren Betreuern mit, dass sie gerne ein gemeinsames Schlafzimmer hätten. Sie bekommen es, und auch die Eltern von Ewald und Annabelle sind damit einverstanden.
> Annabelle ist in letzter Zeit irgendwie verändert. Die Betreuer fragen sie, ob etwas passiert sei. Annabelle antwortet, dass sie nicht jeden Abend mit Ewald schlafen will, ob sie denn normal sei? Ewald erzählt danach in einem Gespräch, dass er es nicht schafft, jeden Abend mit Annabelle zu schlafen. „Ist das schlimm?" Er hat immer weniger Lust dazu. „Muss ich schon wieder mit ihr schlafen?", fragt er sich manchmal. Fazit: Sie will nicht immer, er kann nicht immer.
> Durch viele Fernsehbilder ist bei Ewald und Annabelle die Vorstellung entstanden, dass es schön und völlig normal sei, jeden Abend

miteinander zu schlafen. „Wenn man eine Beziehung hat, geht man miteinander ins Bett." Die Betreuer versuchen, dieses Bild zu korrigieren. Man schläft nur dann miteinander, wenn beide Lust dazu haben, und man muss niemals etwas gegen seinen Willen tun. Trotz dieser Erklärungen bleibt die Atmosphäre im Schlafzimmer von Ewald und Annabelle angespannt. Auch mit der notwendigen Betreuung können sie diese Situation nicht meistern. Die Betreuer schlagen daher vor, dass jeder wieder in seinem eigenen Schlafzimmer schläft und das gemeinsame Schlafzimmer nur am Wochenende benutzt wird. Ewald und Annabelle sind mit dieser Lösung sehr zufrieden, die Spannung ist verschwunden.

Petra und Mark machen es nur im „doggy style", erzählt Petra eines Tages der Betreuerin. Eigentlich findet sie das gar nicht so schön, aber die beiden kennen einen Film, und „da machen sie es auch so". Für die Betreuerin ist das ein Hinweis, dass sie den beiden mit Hilfe von Bildmaterial weitere Möglichkeiten zeigen sollte. Beim Anschauen der Bilder betont sie, dass man nichts tun muss, sondern dass man nur das tut, was beide schön finden. Außerdem erklärt sie Petra und Mark, dass zusammen schlafen mehr ist als den Penis in die Vagina zu stecken. Sie erzählt ihnen etwas darüber, wie es ist, jemanden zu streicheln und zu liebkosen, ihm oder ihr liebe Worte zu sagen, am Ohrläppchen zu saugen: Es gibt viele schöne und angenehme Dinge, um einander zu verwöhnen, und das darf und muss man einander auch sagen. Petra und Mark versuchen jetzt, liebevoller miteinander umzugehen, und reden auch noch manchmal mit der Betreuerin darüber.

Es ist gut möglich, dass viele Menschen (mit einer geistigen Behinderung) einander gar nicht fragen, was ihnen auf sexuellem Gebiet gefällt oder nicht gefällt. In dieser Hinsicht sind die Klienten sehr von der Offenheit und dem Vorbildverhalten der Betreuer abhängig. Die meisten Menschen (mit einer geistigen Behinderung) schauen Pornofilme und finden sie gut. Diese können aber auch ein falsches Bild hervorrufen, wie das obige Beispiel zeigt. Im Abschnitt 6.11 werde ich weiter darauf eingehen.

6.5.6 *Sich zur Wehr setzen und Grenzen setzen können*

Menschen mit einer geistigen Behinderung werden auch „ideale Opfer" für sexuellen Missbrauch genannt (siehe Kapitel 7). Ausführliche Sexualaufklärung ist eine der Möglichkeiten, das Risiko eines sexuellen Missbrauchs zu verringern; sie ist auch eine Form der Prävention. Wenn wir uns selbst, auch auf körperlichem Gebiet, besser kennen lernen und wenn wir dank unserer Umgebung gelernt haben, über diese Dinge zu reden, sind wir wahrscheinlich besser imstande, uns gegen Übergriffe zu wehren. Wenn wir, und sei es nur in geringem Maße, wissen, was sich gehört und was sich nicht gehört, können wir vielleicht entsprechend handeln. All diese Aspekte zeigen, wie bedeutsam die sexuelle Aufklärung von Menschen mit einer geistigen Behinderung ist und welche Verantwortung wir dabei tragen.

Grenzen
Wir können unseren Klientinnen und Klienten mit Hilfe von Bildern und Rollenspielen helfen zu begreifen, was sie selbst wollen und was nicht. Man geht nicht einfach mit einem Menschen mit, den man auf der Straße getroffen hat. Und wenn jemand uns einen Klaps auf den Po gibt, macht es einen großen Unterschied, wer dieser Jemand ist. Ist es der Freund oder die Freundin, dann ist es in Ordnung; ist es eine andere Person, dann ist es nicht in Ordnung. Das eine ist normal und das andere nicht.

Wenn wir etwas anderes wollen als unser Freund oder unsere Freundin, sagen wir „nein", und wenn der oder die andere etwas nicht möchte, nehmen wir darauf Rücksicht. Der Respekt vor den Grenzen eines anderen ist oft nur schwer aufzubringen; das befreit uns aber nicht von der Pflicht, durch unser Vorbildverhalten und konkretes Material diesen Respekt deutlich zu machen. „Nein" heißt „nein". Wenn wir etwas tun, dann muss es uns auch Spaß machen. Wir tun nichts gegen unseren Willen; das Gleiche gilt für unseren Partner.

„Nein" sagen
Einem großen Teil der Menschen mit einer geistigen Behinderung fällt es schwer, „nein" zu sagen. Um sich gegen Übergriffe zur Wehr zu

setzen, muss ich aber auch „nein" sagen können – jeder Mensch hat seine ganz persönlichen Grenzen.

Sandra und Jan sind beide leicht bis mäßig geistig behindert. Sie sind ineinander verliebt und seit einem Jahr zusammen. Sie haben ausführliche sexuelle Aufklärung genossen. Ich sage bewusst „genossen", da sie diese Aufklärungsstunden immer schon sehnsüchtig erwartet haben und sie spannend und schön fanden. Ich habe mehrere Gespräche mit ihnen geführt, sowohl einzeln als auch mit beiden zusammen. Bei unseren Begegnungen hat es mich sehr berührt, wie unbefangen Sandra und Jan über Sexualität sprachen (mit vertrauten Menschen). Später wurde mir klar, dass wir ihnen das selbst vermittelt hatten! Eines Tages traf ich Sandra und sie sagte mir unter vier Augen: „Ich will seinen Pimmel nicht mehr in mir haben." Diese Aussage kann Verschiedenes bedeuten, aber darum geht es im Augenblick nicht. Es ist auf jeden Fall gut, dass Sandra nein sagen kann, dass sie eine Grenze setzt.

Bei der Sexualaufklärung ist es wichtig, dass wir über unsere eigenen Grenzen sprechen und uns mitteilen, was wir mögen und was nicht, was wir wollen und was nicht. Finden wir es schön, berührt zu werden? Das eine Mal vielleicht schon und ein anderes Mal nicht – das müssen wir deutlich machen. Betreuer können mit ihrem Vorbildverhalten und durch Rollenspiele ihren Klienten beibringen, „nein" zu sagen – wir sollten sie dazu animieren. Die Klienten sollen erfahren, dass ihr Körper ihnen selbst gehört, dass es vollkommen unakzeptabel ist, wenn ein anderer gegen ihren Willen ihren Körper berührt, und dass die Entscheidungen, die getroffen werden, ihre eigenen Entscheidungen sind. So können Menschen sich gegenseitig helfen, ihre körperliche und geistige Integrität zu bewahren. Vor allem Menschen mit einer geistigen Behinderung haben wenige Mechanismen, um sich selbst zu schützen und zu wehren. Die Verantwortung der Betreuer, die Grenzen dieser Menschen zu schützen, ist daher groß.

120

6.6 Konkretisieren und Visualisieren

Die Anekdoten im Abschnitt 6.2 haben uns gezeigt, wie wichtig es ist, konkret zu sein. Bilder sind konkreter als Worte und eine Handlung sagt mehr als ein Gedanke. Mit der Visualisierung müssen Menschen mit einer geistigen Behinderung aber erst einmal zurechtkommen. „Nicht denken, sondern tun", könnte man sagen, und: „Zeig mal, was du meinst." Sehen ist glauben!

Abbildungen und Filme, wie sie im bereits genannten Aufklärungsmaterial eingesetzt wurden, sind dabei gute Hilfsmittel. Aber auch Bilder in Zeitschriften und (eventuell gemeinsam angeschaute) Szenen im Fernsehen können Anlass geben, in entspannter Atmosphäre aufzuklären und weiterzubilden. So realistisch das Fernsehen jedoch auch sein mag, die wirklich konkreten Dinge bleiben in der Regel doch verhüllt. Mit speziellem Aufklärungsmaterial können wir alles noch konkreter darstellen – und das braucht unsere Zielgruppe. Außerdem können wir so auf Nummer Sicher gehen. Unsere Wortwahl sollte so konkret wie möglich sein und wir sollten vorher vereinbaren, welche Worte wir gebrauchen. So findet der eine das Wort „vögeln" ganz normal, während eine andere es nicht über die Lippen bringt. Und vielleicht benutzen wir in unserem Privatleben auch ganz andere Wörter als bei der Arbeit. Wichtig ist, dass wir uns dessen bewusst sind. Indem wir nachfragen, können wir uns auf die Wortwahl der Klientin oder des Klienten einstellen und dürfen auch unsere eigenen Grenzen wahren; Worte haben einen Gefühlswert. Unsere eigenen Gefühle müssen wir nicht brüskieren.

Konkretisieren ist auch deshalb so wichtig, weil Worte mehrdeutig sein können. Nehmen wir zum Beispiel einen Ausdruck wie „sich lieben". Was bedeutet das? Der Eine denkt dabei an Geschlechtsverkehr, der Zweite an eine zärtliche Umarmung, an Kuscheln und Schmusen, und der Dritte an Küssen. Wir sollten schon wissen, worüber wir reden!

„Zusammen ins Bett gehen" ist auch so ein Ausdruck. Als ein Betreuer sich einmal nach den Erfahrungen zweier ihm anvertrauter Menschen erkundigte, erfuhr er, dass sie zusammen ins Bett gegangen seien. Die Klienten hatten es sehr schön miteinander gehabt, sie hatten herrlich miteinander geschlafen. Was er nicht erfuhr, war, dass die beiden in Wirklichkeit nebeneinander im Bett gelegen hatten, im Pyjama. Wir können offensichtlich nicht konkret genug sein.

6.7 Selbstbefriedigung

Wie?

Folgende Ausdrucksweise erscheint mir recht konkret: „Manchmal haben Mädchen und Jungen ein schönes Gefühl in ihrem Penis oder in ihrer Vagina. Mädchen können ihre Vagina streicheln und das verschafft ihnen ein angenehmes Gefühl. Sie können auch die winzige Erbse an der Spitze ihrer Vagina streicheln, dann wird diese kleine Erbse, der Kitzler, größer und die Vagina wird feucht. Das kann so schön sein, dass das Mädchen einen Orgasmus bekommt, oder man sagt auch einfach, dass sie ‚kommt'. Jungen können ihre Hoden und ihren Penis streicheln. Die Spitze des Penis, die Eichel, ist sehr empfindlich. Sie können die Vorhaut hin und her bewegen, immer schneller. Das kann so schön sein, dass auch der Junge ‚kommt'. Dann kommt mit kleinen Stößen Feuchtigkeit aus dem Penis. Es ist ein schönes Gefühl, das nur schwer zu beschreiben ist" (Rutgers Stiftung/PSVG, 1992, Anleitung zur Aufklärungsmethode).

Zur Konkretisierung kann die Selbstbefriedigung mit eindeutigen Bildern illustriert werden.

Auch mit Hilfe von Filmen kann die Selbstbefriedigung gut erklärt werden. So zeigen zum Beispiel auf dem zweiten Videoband der Serie „Lief en lijf" (deutsch: „Dein Körper und die Liebe") ein Mann und eine Frau, wie man sich selbst befriedigen kann (Klos/Hogeschool Nimwegen, 1994).

Das Videomaterial „Du und Ich" *(„Jij en Ik"),* eine Serie von sieben Videofilmen (Brongers, 1995), enthält geeignetes Material, um Klientinnen und Klienten die Selbstbefriedigung zu veranschaulichen.

In der Praxis bekomme ich positive Reaktionen auf diese Filme, die sich an das bereits genannte Material der Serie „Dein Körper und die

Liebe" anschließen. Ich zitiere: „Die Filme aus der Serie ‚Du und Ich‘ zeigen das Erleben konkreter Erfahrungen aus dem täglichen Leben von Menschen mit einer geistigen Behinderung. Man könnte es so ausdrükken: Wenn die Fragen dieser Menschen nicht deutlich genug sind oder weitere Informationen benötigt werden, dann können die Reaktionen auf die Filme der Serie ‚Du und Ich‘ Anlass geben, das oben genannte Aufklärungsmaterial für die entsprechenden Personen gezielter einzusetzen" (Anleitung zum Videoprojekt, Brongers, 1995). „Die Filme der Serie ‚Du und Ich‘ wurden für Menschen mit einer geistigen Behinderung gemacht. Dabei werden die Ereignisse assoziativ dargestellt (mit Hilfe einer Verknüpfung von Worten und Bildern). Gerade für diese Menschen ist es äußerst wichtig, so konkret wie möglich an Ereignissen beteiligt zu sein, um reagieren zu können" (ebd.).

Menschen, die das Leben assoziativ erfahren, entsprechen dem Entwicklungsstadium von Kindern im Alter von vier bis sechs Jahren.

Dort, wo in der Serie „Dein Körper und die Liebe" die technischen Erläuterungen im Mittelpunkt stehen, geht die Serie „Du und Ich" auf das Erleben ein, auf die eigenen Gefühle in Bezug auf die Umwelt – eine ausgezeichnete Ergänzung zum bereits vorhandenen Aufklärungsmaterial.

Bei Jungen und Männern können wir auch mit Hilfe eines Kunstpenis visualisieren, was Masturbieren bedeutet.

Selbstbefriedigung ist normal

Wir sollten deutlich machen, dass Selbstbefriedigung ganz normal ist, dass man sie genießen und sich damit verwöhnen kann. Wir können unseren Klienten erzählen, dass sich die meisten Menschen selbst befriedigen. Meine Erfahrung ist, dass sehr viele Menschen mit einer geistigen Behinderung nicht wissen, wie sie sich selbst befriedigen können, wenn sie das Bedürfnis haben (ganz wichtig: niemand *muss* etwas tun, Bedürfnisse dürfen nicht forciert werden). Einige andere wissen sehr wohl, wie sie sich befriedigen können, schämen sich aber, weil das Thema so tabuisiert wird bzw. wurde. Wir brauchen uns natürlich auch nicht zu schämen, wenn wir *nicht* masturbieren. Wir müssen gar nichts.

So wendet Martin ostentativ seine Augen ab, wenn er im Fernsehen nackte Haut sieht. Nur wenn er allein ist, guckt er mit großem Interesse hin. Mit Martins Familie kann man über dieses Thema nicht sprechen.

Mirja, achtunddreißig Jahre alt, verhält sich in letzter Zeit in der Wohngruppe ziemlich provokativ, „vielleicht sogar mit einem sexuellen Touch", so die Betreuerin. „Sie kuschelt sich auf dem Sofa an mich und fummelt manchmal mit ihrer Hand in ihrem Slip herum. Es sieht so aus, als würde sie versuchen, sich selbst zu befriedigen." Ob ihr das gelingt und ob es ihr Spaß macht, ist nicht klar. Der Betreuerin ist auch aufgefallen, dass Mirja seit einigen Wochen ihre Slips zerreißt und unter dem Bett versteckt. Was hat das zu bedeuten? Im Team wird vereinbart, dass die Betreuerin Mirja aufklärt. Im Gespräch mit ihr wird schnell deutlich, dass Mirja nicht genau weiß, was Selbstbefriedigung bedeutet. Die Betreuerin erklärt es ihr anhand eines illustrierten Buches und lässt Mirja sich selbst im Spiegel betrachten. So hat Mirja sich noch nie gesehen. Sie wundert sich, dass ihre Geschlechtsorgane genauso aussehen wie die der Frau im Buch. Dass man seine Klitoris stimulieren kann, wusste Mirja auch noch nicht. Durch die Erklärungen der Betreuerin lernt sie, wie sie einen Orgasmus bekommen kann. Auffälligerweise zerreißt Mirja seitdem keine Slips mehr.

Rainer (30) lebt seit einigen Wochen in einem Behindertenwohnheim. Er schaut sich die Frauen in seiner Umgebung genau an und hält großartige Macho-Reden, sodass man annehmen könnte, dass er bereits jede Menge sexuelle Erfahrungen habe.
Nach einigen Gesprächen, die der Betreuer mit Rainer geführt hat, stellt sich heraus, dass dieses Bild überhaupt nicht der Wirklichkeit entspricht. Die Frage, ob Rainer manchmal mit seinem Penis spielt, wird von ihm stürmisch bejaht. Er hat jedoch noch nie eine Erektion gehabt und weiß gar nicht, wie das geht. Im Grunde genommen läuft Rainer völlig erregt herum und weiß mit seinen Trieben nichts anzufangen. Der Betreuer erklärt Rainer anhand von Filmmaterial, wie er sich selbst befriedigen kann. Rainer ist anschließend zwar noch immer auf Frauen fixiert, aber sein Verhalten ist nicht mehr so „sexualisiert".

Wo?
Ich habe bereits einige Male erwähnt, dass man Klienten darauf hinweisen darf, wo sie sich selbst befriedigen dürfen. Das Ganze ist eine sehr persönliche Angelegenheit und Teil der Intimsphäre oder es wird in einer Beziehung miteinander erlebt. Das machen wir unseren Klientinnen und Klienten deutlich, unterstützt durch so viel Visualisierung wie möglich. Trotzdem können das nicht alle Menschen mit einer geistigen Behinderung verstehen.

Eugen hat eine schwere geistige Behinderung. Er masturbiert regelmäßig. Die Betreuer haben vereinbart, dass er während „sozialer Aktivitäten", wie Kaffeetrinken oder dem gemeinsamen Essen, von einem solchen Verhalten abgelenkt wird. Wenn das nicht gelingt, wird er kurz in sein Zimmer gebracht.

Wenn jemand ohne fremde Hilfe keinen Orgasmus bekommen kann
Es kommt vor, dass Menschen mit einer geistigen Behinderung erregt sind und sich selbst nicht befriedigen können. Trotz der sexuellen Aufklärung gelingt es ihnen einfach nicht – ihre körperlichen Fertigkeiten oder ihr Wissen reichen einfach nicht aus. Sie können die Technik nicht erlernen, da z.b. ihre spastische Behinderung ihnen dies unmöglich macht. Was tun? Das ist ein Problem, das große Ohnmacht hervorruft, und zwar eine so große, dass dieser Frage oft ausgewichen wird, weil wir dann gar keine Antwort mehr geben müssen – wir schließen lieber die Augen vor der Realität. Ich will auch gar nicht behaupten, eine Antwort auf all diese Fragen parat zu haben. Im Gegenteil – es ist äußerst schwierig, etwas Allgemeines über diese manchmal heiklen Angelegenheiten zu sagen.

Ich möchte aber noch einmal betonen, dass das sexuelle Erleben schön und bereichernd sein kann. Selbstbefriedigung als individuelle Äußerung von Sexualität kann eine Form der Selbstentfaltung sein, sie kann Lust und Genuss bringen. Es ist natürlich am schönsten, wenn wir uns alleine befriedigen können, aber was ist, wenn uns das nicht gelingt, obwohl das Bedürfnis, die Erregung und die Energie vorhanden sind? Dann sind wir sehr von der Einstellung der Menschen in unserer Umgebung abhängig, von ihren Normen und Werten. *Menschen, die mit der Betreuung von Menschen mit einer geistigen Behinderung betraut sind, sind verpflichtet, zu diesem Thema Stellung zu nehmen und das Tabu zu durchbrechen.* Eine Organisation beweist Professionalität und Qualität, wenn sie mit diesem Thema umzugehen weiß. Sie kann auf diese Weise verhindern, dass ihre Klienten der Willkür ausgesetzt werden, und vertritt mit ihrer Position auch die Interessen der Mitarbeiter. Die in diesem Zusammenhang formulierte These könnte lauten: „Menschen haben ein Recht auf Hilfe bei der Selbstbefriedigung." Stellen wir einmal die Hypothese auf, dass wir darüber einer Meinung sind (Sind wir das? Wie denken Sie darüber?). Dann müssen wir uns jetzt fragen: Wer soll diese Hilfe leisten?

Bei einem Bewohner einer dezentralen Wohneinheit wird in regelmäßigem Abstand deutlich, dass er sehr erregt ist. Oft fummelt er mit den Händen an seinem steifen Penis herum und spielt damit. Beobachtungen und einfache Gespräche machen deutlich, dass er keine Ejakulation bekommen kann. Was tun?
Im Team wird so offen wie möglich darüber gesprochen. Mit Hilfe eines sehr konkreten Aufklärungsfilmes versucht der Betreuer, den Handlungsspielraum des Bewohners zu vergrößern, aber es gelingt ihm nicht. Was nun?
Im Team wird vereinbart, dass der Betreuer versuchen soll, dem betreffenden Bewohner aus gebührender Distanz Instruktionen zu erteilen, wenn dieser versucht, sich selbst zu befriedigen. „Instruktionen auf Distanz" beinhalten zum Beispiel Antworten auf Fragen wie: Wie hält man seinen Penis fest, wie schnell bewegt man seine Hand usw. Die Eltern sind informiert worden und haben zugestimmt. Das Team wird informiert, wann das Ganze stattfinden soll und mit welcher Absicht sich der Betreuer im Zimmer des Bewohners aufhalten wird. Es herrscht so große Offenheit wie möglich, und auch die Heimleitung ist im Bilde. Nachdem der Betreuer den Bewohner dreimal instruiert hat, kann dieser sich selbst befriedigen und braucht keine fremde Hilfe mehr.

Übrigens sind sowohl bei der NVSH (niederländische Vereinigung, die für eine sexuelle Reform eintritt) als auch in Sexshops Hilfsmittel erhältlich, die der Unterstützung oder Vereinfachung der Selbstbefriedigung dienen können.

Wer?
In obigem Beispiel ist es gelungen, dem Klienten die Technik der Selbstbefriedigung beizubringen. Aber stellen wir uns einmal vor, dass der Klient oder die Klientin es wirklich nicht kann, dass er oder sie auf fremde Hilfe angewiesen ist. Wer soll diese Hilfe leisten? Darüber gehen die Meinungen weit auseinander und fast niemand spricht darüber. Die Leitung einer Einrichtung muss meines Erachtens sehr deutliche Richtlinien zu diesem Thema aufstellen und eine eindeutige Haltung einnehmen.

Es gibt (oder gab) Betreuerinnen und Betreuer, die keine Probleme damit haben, sexuelle Hilfe bei der Selbstbefriedigung oder anderen sexuellen Aktivitäten zu leisten. Das geht aus folgender Aussage deutlich hervor: „Es schafft ein gemeinsames Band, wenn man zusammen die Hosen ausgezogen hat" (Vink, 1983). So lautet die Überschrift eines Artikels, in dem Betreuer berichten, dass sie Klienten auf sexuellem Gebiet regelmäßig helfen. Ich habe den Eindruck – der allerdings keinesfalls wissenschaftlich erwiesen ist –, dass im Vergleich zu heute die Betreuer Anfang der achtziger Jahre des letzten Jahrhunderts weniger Probleme damit hatten, einem Klienten in seiner sexuellen Not zu helfen. Meiner Meinung nach hat dies mit der verstärkten Berichterstattung über sexuellen Missbrauch zu tun und auch mit der Tendenz, diesbezüglich eindeutige Verhaltensregeln aufzustellen.

Ich kenne auch einige Personen, die gerne Hilfe leisten würden, dies aber nicht tun, weil keine deutlichen Regeln aufgestellt worden sind oder weil sich die Einrichtung gegen derartige Hilfeleistungen ausgesprochen hat. Oder sie unterlassen ihre Hilfeleistung, weil sie nicht genau wissen, wie ihre Umgebung (ihre Kollegen, die Teamleitung) im Falle einer Entdeckung darauf reagieren würde. Diese Menschen haben ein ungewöhnliches Problem: „Ich würde gerne helfen, aber ich traue mich nicht."

In völligem Gegensatz zu oben genannter Auffassung steht der von vielen Betreuern vertretene Standpunkt, dass eine Betreuungsperson am Körper des Klienten oder der Klientin keine sexuellen Handlungen vorzunehmen habe, in welcher Absicht auch immer. Wie sollen wir als Betreuer Funktion und Emotion voneinander trennen? Welche Gefühle ruft unser Handeln bei uns hervor? Wie sollen wir unsere eigenen Grenzen wahren und wie können wir noch weiterhin „sauber" denken und fühlen? Der Missbrauch eines Klienten oder einer Klientin kann nicht ausgeschlossen werden, wenn wir ein gemeinsames Band knüpfen und auch körperlich mit ihm oder ihr Kontakt haben. Es ist gut, die eigenen Grenzen zu kennen (vgl. Abschnitt 7.8). Ein Betreuer sagte neulich zu mir: „Direkte Hilfe bei der Selbstbefriedigung? Das Produkt verkaufen wir nicht. Der Klient soll es woanders kaufen." Die zentrale Frage lautet hier: „Wie weit gehen wir bei der sexuellen Aufklärung und dem körperlichen Kontakt zwischen uns und den Bewohnern?" (Kroef, 1992)

Und wie erlebt der Klient bzw. die Klientin diese Aktivitäten? Werden bei ihnen nicht allerlei erotische bzw. sexuelle Gefühle geweckt, denen der Betreuer bzw. die Betreuerin nicht entsprechen kann? Welche Hoffnungen machen wir dem anderen und was für ein Band entsteht zwischen uns?

„Darüber hinaus stellt sich die Frage: Wie denkt die Familie darüber? Es ist verständlich, dass so etwas für die Eltern und die Familie kein einfaches Gesprächsthema ist. In der Regel wird diesem Thema bei Besprechungen nicht so viel Aufmerksamkeit gewidmet. Aber was ist, wenn die Familie nicht möchte, dass diesem Mann oder dieser Frau geholfen wird, und die Teamleitung denkt ganz anders darüber?" (Kiers, 1994) Auf die Familie werde ich im achten Kapitel gesondert eingehen.

Für mich ist das ein kompliziertes Thema. Ich bin auf jeden Fall der Meinung, dass die Leitung einer Einrichtung für Grundregeln sorgen sollte, die den Mitarbeitern Eindeutigkeit und Klarheit verschaffen. Und natürlich darf es nicht an einer größtmöglichen Offenheit fehlen. Darüber hinaus befürworte ich eher, trotz ständiger Zweifel auf diesem Gebiet, den Weg „Hilfshandlungen bei der Selbstbefriedigung" von Dritten ausführen zu lassen, auf keinen Fall von den direkten Betreuern selbst. Letzteres würde wahrscheinlich doch eine Grenze überschreiten. Solch ein Dritter könnte zum Beispiel ein Mitarbeiter oder eine Mitarbeiterin der niederländischen Stiftung für alternative Partnervermittlung („Alternatieve Relatiebemiddeling" = Prostituierte für Behinderte) sein.

Im Abschnitt 6.10 gehe ich ausführlicher auf diesen Gesichtspunkt ein. Auch bei mir bleiben bei diesem Thema noch einige Zweifel und Fragen offen. Viele Fragen sind nur schwer oder unzureichend zu beantworten und vielleicht müssen wir einfach lernen, damit zu leben.

6.8   Beziehungen

„Menschen ohne geistige Behinderung finden es oft schon schwer, eine Beziehung zu pflegen, ohne dass einer der Partner sich benachteiligt fühlt. Wie ergeht es dann erst Menschen mit einer geistigen Behinderung?" Diese Frage wird mir gelegentlich entgegengehalten und sie beinhaltet, dass Menschen mit einer geistigen Behinderung in der Regel weniger soziale Kompetenzen besitzen. Sie sind (noch) ichbezogener als Menschen ohne geistige Behinderung und haben es dadurch ziemlich schwer, den Gefühlen, dem Erleben und den Wünschen des Partners auf irgendeine Art und Weise Rechnung zu tragen. „Was tun diese Menschen da bloß?", höre ich den Fragesteller seufzen, „und warum?"

„Warum nicht?", lautet meine Gegenfrage. „Wenn wir Menschen vermitteln, mit Konflikten umzugehen oder die Zähne zu putzen, warum zeigen wir ihnen dann nicht, wenn dies ihren Bedürfnissen und Möglichkeiten entspricht, wie sie so mit einer Beziehung umgehen können, dass sie ihnen Freude bereitet?" Mit Hilfe einer guten Betreuung kann eine scheinbar schwierige Beziehung doch noch bereichernd sein.

Gleichwertigkeit

Burkhard und Sonja sind Menschen mit einer mittleren geistigen Behinderung. Burkhard befindet sich emotional auf einem ziemlich niedrigen Niveau und kann daher leicht unsere Grenzen überschreiten. („Ich stelle mich Menschen gern entgegen, vor allem dann, wenn sie mich zu sehr bevormunden; dann erprobe ich mein labiles Ich an dem ihren", lautet sein unbewusstes Erleben.) Trotz seiner dreißig Jahre zeigt er manchmal die Dickköpfigkeit eines Kleinkindes. Burkhard mag Sonja und hat einen großen Drang, ihr seinen unsicheren Willen aufzudrängen.

Auch Sonja mag ihn sehr und beide haben das Gefühl, dass sie eine

Beziehung miteinander haben. Sie sind von den Betreuern aufgeklärt worden und haben alles über Sexualität, Freundschaft, eine feste Beziehung, Masturbation und Miteinanderschlafen erfahren.

Die Betreuer haben für die Aufklärung Videobänder (Brongers, 1995; Klos/Hogeschool Nimwegen, 1994) und das Material von „Geen kind meer" („Kein Kind mehr") benutzt. Ich möchte hier noch einmal einen kleinen Ausschnitt zitieren (Rutgers Stiftung/PSVG, 1992, Anleitung zur Aufklärungsmethode): „Miteinander schlafen heißt, sich mit dem Penis in der Scheide zu lieben. Das ist möglich, wenn der Junge und das Mädchen erregt sind. Er bekommt dann einen steifen Penis und ihre Scheide wird feucht und ihre Klitoris größer. Wenn bei beiden ein schönes Gefühl entstanden ist, kann der Junge seinen Penis in die Scheide des Mädchens einführen. Wenn die beiden sich dann gemeinsam auf und ab bewegen, kann ein so schönes Gefühl entstehen, dass sie einen Orgasmus bekommen. Wenn der Junge einen Orgasmus hat, kommt mit kleinen Stößen Feuchtigkeit aus seinem Penis. Diese Feuchtigkeit gelangt in die Scheide des Mädchens. Wenn das Mädchen einen Orgasmus hat, hat sie ein schönes Gefühl in der Scheide.

Der Junge und das Mädchen müssen nicht gleichzeitig einen Orgasmus bekommen. Manchmal ‚kommt' das Mädchen schon, bevor der Penis in ihrer Scheide ist, nämlich wenn der Junge ihre Klitoris streichelt. Es kann auch geschehen, dass sie miteinander schlafen, aber keinen Orgasmus bekommen oder nur einer von ihnen.

Manchmal kann es beim Mädchen etwas wehtun, wenn zwei sich lieben. Das kann vor allem dann geschehen, wenn ihre Scheide nicht feucht genug ist. Sie kann dann ihren Finger mit etwas Spucke befeuchten und diese in ihrer Scheide verteilen: Ihre Scheide wird dann feuchter. Man kann sich aber auch anders lieben, zum Beispiel, indem man sich überall küsst und streichelt, an der Klitoris und den Brüsten oder an den Hoden und der Eichel. Wenn man sich so streichelt, kann man auch einen Orgasmus bekommen. Beim Jungen kann man das sehen – es kommt dann mit kleinen Stößen Feuchtigkeit aus seinem Penis. Beim Mädchen kann man von außen nicht sehen, dass sie einen Orgasmus hat."

130

Zum Thema „Miteinanderschlafen" könnte man diese oder eine ähnliche Erläuterung benutzen. Wir können auch eindeutige Bilder oder Filme benutzen. Filme können sehr aufklärend wirken, denn Sprache erfordert ein abstraktes Denkniveau und kann schnell zu Missverständnissen führen.

Im obigen Beispiel wird die Vagina des Mädchens nicht feucht. Es ist in einem vorigen Kapitel bereits darum gegangen, wie wichtig es ist, die Bedeutung einer Verhaltensweise zu verstehen. In diesem Fall könnte die trockene Scheide bedeuten, dass das Mädchen einfach keine Lust hat (und das sollte unbedingt ernst genommen werden) oder sogar Angst, einen sexuellen Kontakt einzugehen. Zuerst müssen wir die Ursache dafür herausfinden, dann erst können wir die Scheide feucht machen und/oder ein Gleitmittel benutzen.

Bei der Betreuung von Beziehungen versuchen wir den Unterschied deutlich zu machen, der zwischen einer Freundschaft, einer Beziehung und dem Miteinanderschlafen besteht. Außerdem sprechen wir mit unseren Klienten über das Setzen von Grenzen: Wenn man mit jemandem schläft, muss man es auch wirklich wollen, und wenn man keine Lust dazu hat oder etwas anders möchte, muss man das sagen. Es ist wichtig, auf die Grenzen anderer Rücksicht zu nehmen. Jeder Mensch hat seine eigenen, individuellen Grenzen, und diese Grenzen zu respektieren zeigt auch Respekt vor der Gleichwertigkeit des anderen.

Kommen wir noch einmal auf Burkhard und Sonja zurück. Burkhard ist ziemlich dominant, er will immer seinen Willen durchsetzen, auch auf sexuellem Gebiet. Sonja fällt es nicht leicht, nein zu sagen. Sie hat Angst, Burkhard vor den Kopf zu stoßen und ihn „schlimmstenfalls" zu verlieren. (Und wie viele Menschen ohne geistige Behinderung würden sich ähnlich verhalten, wenn wir ehrlich sind?) Die Betreuer führen immer wieder Einzelgespräche und betonen, dass man Respekt voreinander haben muss und Rücksicht auf den anderen nehmen sollte (an Burkhard gerichtet), und dass man lernen muss, nein zu sagen (an Sonja gerichtet). Anfangs sind auch viele gemeinsame Gespräche geführt worden und es wurden Filme angesehen. Die maßgebliche Botschaft dieser Gespräche ist „Kein Zwang!" und dass wir Respekt voreinander haben sollten.

Jan und Gina mögen sich sehr gern. Aber sie denken nicht im Entferntesten an irgendeine Form des geschlechtlichen Umgangs, auch nicht nach einer vorsichtigen Aufklärung durch die Betreuerin. Sie haben eine Beziehung miteinander und sitzen oft gemütlich aneinander gekuschelt auf dem Sofa. Sie küssen sich viel, aber mehr wollen sie wirklich nicht. In ihrer Beziehung ist das so in Ordnung.

Auch Marcel und Friederike haben eine Beziehung. Die beiden möchten gerne miteinander schlafen. Friederike hat allerdings von ihren Eltern gelernt, dass sich das vor der Hochzeit nicht schickt; die Bibel gibt nach Meinung der Eltern deutliche Richtlinien vor und sie würden es schön finden, wenn auch Friederike sich an diese Richtlinien halten würde. Friederike ist einverstanden und möchte deshalb Marcel zuerst heiraten, bevor sie Geschlechtsverkehr mit ihm hat. Und so geschieht es auch.

Eva hat ebenfalls Eltern, die aus religiösen Gründen den Geschlechtsverkehr vor der Ehe ablehnen. Aber ihre Eltern halten auch nichts von einer Heirat. Auch Eva findet das nicht nötig, aber sie möchte schon gern mit Peter schlafen (im achten Kapitel werde ich ausführlicher auf die Rolle der Eltern eingehen).

Aus der Perspektive der Partnerschaft betrachten

Einen gute Partnerschaft können wir als eine Beziehung beschreiben, in der gegenseitiges Verständnis und Aufmerksamkeit für die Gefühle des Partners (des gleichen oder anderen Geschlechts) bestehen und kein Zwang herrscht. Sollte das nicht der Fall sein und sollten die Betreuer oder Betreuerinnen dennoch den Eindruck haben, dass die Partner sich (freundschaftlich, erotisch oder sexuell) auf irgendeine Art und Weise zueinander hingezogen fühlen, dann können wir dies als Betreuungsaufgabe bezeichnen. Das Beispiel von Burkhard und Sonja ist auch so eine Betreuungsaufgabe. Wir bringen Burkhard bei, auf den Willen und die Grenzen seiner Partnerin Rücksicht zu nehmen, und wir bringen Sonja bei, mehr für sich selbst einzutreten.

Maude und Anton haben eine Beziehung, in der Anton allzu sehr seinen (sexuellen) Willen durchsetzt. Im Gespräch mit ihrer Betreuerin sagt Maude, dass Anton wiederholt gegen ihren Willen mit ihr geschlafen habe. Maude ist dadurch ganz angespannt und ängstlich. Es handelt sich hier also um sexuellen Missbrauch (siehe Kapitel 7). Zunächst einmal betrachten die Betreuer die Situation als Betreuungsaufgabe und versuchen Anton ein anderes Verhalten beizubringen, was jedoch nicht gelingen will. Maude wird daher geraten, die Beziehung zu beenden. Mit diesem Gedanken hatte sie schon eine ganze Weile gespielt – ihr fehlte nur noch der Anstoß durch die Betreuer.

Jan und Martin haben beide sexuelle Bedürfnisse. Sie leben gemeinsam in einer Gruppe. Sie befriedigen sich regelmäßig und sind sorgfältig vom Team aufgeklärt worden. Außerdem ist im Team die Frage erörtert worden, ob die beiden Männer mit dieser Situation zufrieden seien oder ob Jan nicht zu viel Druck ausübe. Bei näherer Betrachtung (durch ein Gespräch und die Beobachtung von Martin) scheint dies jedoch nicht der Fall zu sein. Es kann alles so bleiben, vorausgesetzt, dass die Aktivitäten einigermaßen dosiert und in Privaträumen stattfinden.

6.9 Das Benutzen von Kondomen und anderen Verhütungsmitteln

Wenn eine Schwangerschaft nicht ausgeschlossen werden kann, muss über Empfängnis verhütende Mittel nachgedacht werden, es sei denn, die Klienten haben einen ausdrücklichen Kinderwunsch. Das würde uns mit einem anderen (ethischen) Problem konfrontieren. Lassen Sie mich hier der Einfachheit halber davon ausgehen, dass kein Kinderwunsch besteht. In diesem Fall gibt es natürlich unterschiedliche Möglichkeiten der Empfängnisverhütung, z.B. die Pille, die Dreimonatsspritze oder die

Sterilisation. Die Sorge der Umgebung um eine unerwünschte Schwangerschaft kann sehr groß sein, dann wäre eine Sterilisation ein wirksames Mittel. Sie ist jedoch in der Regel nicht wieder rückgängig zu machen, deshalb sollte dieser Schritt gut überlegt sein, und auch die Wünsche der Klientin, der Eltern und des Teams sollten berücksichtigt werden.

Die Einnahme der Pille kann zur Frage nach hormonellen Nebenwirkungen führen und Zweifel daran hervorrufen, ob die Klientin und/oder ihre Betreuerin die erforderliche Disziplin zur Einnahme aufbringen können.

Die beiden Anekdoten im Abschnitt 6.2 haben uns bereits gezeigt, dass wir den Klienten so konkret wie möglich beibringen müssen, wie sie ein Kondom benutzen müssen. Die Klienten müssen wirklich sehen können, wie man das macht. Die Konkretisierung gewinnt an Bedeutung, wenn wir uns vor Augen führen, dass die Benutzung eines Kondoms notwendig ist, um eine tödliche Krankheit wie Aids oder andere sexuell übertragbare Krankheiten zu verhindern.

Aids

Menschen mit einer geistigen Behinderung sind als Opfer für sexuellen Missbrauch prädestiniert (siehe Kapitel 7). Damit ist auch die Gefahr erhöht, sich durch den Missbrauch mit HIV zu infizieren. „Gerade, wenn jemand missbraucht wird, ist die Wahrscheinlichkeit, dass ein Kondom benutzt wird, äußerst gering" (Kroef, 1990). Wenn Menschen mit einer geistigen Behinderung nicht oder nur unzulänglich aufgeklärt werden, wissen sie wahrscheinlich auch nur sehr wenig über den Gebrauch eines Kondoms. Dieses Nichtwissen ist in der heutigen Zeit der Aids-Ansteckungsgefahr sehr problematisch und wir sollten den Gebrauch von Kondomen unterstützen.

Neben den erwähnten Videofilmen aus „Dein Körper und die Liebe" und dem Bildmaterial aus „Kein Kind mehr" gibt es glücklicherweise auch konkretes Videomaterial zum Benutzen von Kondomen. Das Videoband „Veilig Vrijen" („Sicher miteinander schlafen") gibt sehr detaillierte Informationen über den Gebrauch von Kondomen (Klos-TV, 1991). Darin wird deutlich gemacht, wie man Aids bekommen kann – vom Sperma (O-Ton: „dem weißen Zeug, das aus dem Penis des Mannes kommt, wenn er einen Orgasmus hat") – und dass es nicht heilbar ist. Neben der Tatsache, dass dieser Film sehr deutlich das Benutzen eines Kondoms demonstriert, kann er auch als Aufklärungsfilm genutzt werden. Themen wie Masturbieren, Miteinanderschlafen, oraler und analer Sex werden besprochen, wobei von Letzterem aus Sicherheitsgründen unbedingt abzuraten ist. (Wir sollten auch unsere Terminologie miteinander abstimmen, wie ich im Abschnitt 6.6 bereits besprochen habe.) Auch die Vielfalt kommt zur Sprache, so werden zum Beispiel verschiedene sich liebende Pärchen gezeigt: ein Mann und eine Frau, zwei Frauen und zwei Männer.

Zwischendurch können wir das Videoband anhalten, um mit den anderen das Gesehene zu besprechen und ihre Fragen zu beantworten.

In diesem Film wird verdeutlicht, wie wichtig der Gebrauch eines Kondoms beim Geschlechtsverkehr ist. Es wird ausführlich beschrieben, wie man ein Kondom vorsichtig überstreifen und genauso vorsichtig wieder abstreifen muss. In das benutzte Kondom macht man einen Knoten und wirft es in den Abfalleimer. Zur Demonstration können wir auch von einem Kunstpenis Gebrauch machen.

Der Film ist sehr humorvoll gemacht – das wirkt befreiend. In diesem Film tritt ein „Kondomexperte" auf, der viel über die Benutzung eines Kondoms weiß, und eine weitere Person, die keine Kondome benutzen will und als ziemlich dumm hingestellt wird.

6.10 Die niederländische Stiftung für alternative Partnervermittlung („Stichting Alternatieve Relatiebemiddeling", SAR)

In den Niederlanden bekommen einige Menschen mit einer geistigen Behinderung gelegentlich Besuch von einer Mitarbeiterin oder einem Mitarbeiter der Stiftung für alternative Partnervermittlung („Stichting Alternatieve Relatiebemiddeling").

„Die Stiftung hat sich zum Ziel gesetzt:
1. sexuelle Dienste zu vermieten;
2. Initiativen zu entwickeln, um in der Gesellschaft die Bereitschaft zu erhöhen, über diese Form der Betreuung zu sprechen;

3. für eine strukturelle Finanzierung der Kosten zu sorgen, die diese Hilfe mit sich bringt" (Schreuder-Kniese, 1994).

„Die Zielgruppe dieser Stiftung sind Menschen mit einer schweren körperlichen und/oder geistigen Behinderung" (ebd.).

„Es wurde ein Name gewählt, der deutlich machen soll, dass die Stiftung eine Alternative zu einer Beziehung bietet" (ebd.).

„Voraussetzung für einen Kontakt ist, dass Klient(in) und Betreuer(in) sich gut verstehen. Während des freundschaftlichen Besuchs kann ein sexueller Kontakt stattfinden, prinzipiell hat der Klient ein Anrecht darauf. Dieses Anrecht wird jedoch dadurch beschränkt, ob die Bedürfnisse oder Wünsche des Klienten den individuellen Möglichkeiten des Betreuers entsprechen. Sollte das nicht der Fall sein, kann der Klient um einen anderen Betreuer bitten" (ebd.).

„Die Betreuung verläuft nach den Wünschen des Klienten, es gibt kaum Klagen oder Anmerkungen, auch nicht seitens des Betreuers, Versorgers oder der zu behandelnden Person" (ebd.).

Mit einer der Mitarbeiterinnen der Stiftung habe ich mich getroffen. Ich will sie hier Maike nennen. Maike arbeitet seit einigen Jahren für die Stiftung, macht ihre Arbeit mit großer Hingabe und hat viel Freude daran. Am Ende des Gesprächs sagt sie: „Die Arbeit hat mich verändert, ich denke positiver über mich selbst, akzeptiere meinen Körper besser, beurteile ihn weniger nach der Form und mehr nach der Wärme, die er geben kann. Dabei fühle ich mich wohl, ich entwickle mich immer noch weiter, gemeinsam mit meinen Klienten. Ich bin auch ein stabilerer Mensch geworden."

Maike und ich haben im Vorhinein klargestellt, dass dies Maikes persönliche Geschichte ist. Jede Mitarbeiterin und jeder Mitarbeiter hat natürlich ihre bzw. seine eigene Geschichte, je nach Persönlichkeit und individuellen Grenzen. Maike erzählt mir, dass ihre Grenzen ziemlich flexibel sind. „Ich habe bislang allen Wünschen der verschiedenen Klienten mühelos entsprechen können."

Ich frage nach Maikes Beweggründen für ihre Arbeit. Und ich bin neugierig, wie Maike zu der Stiftung gekommen ist. „Ich habe viele Jahre als Betreuerin in der Behindertenhilfe gearbeitet und mich oft über das in der Betreuung herrschende System geärgert – von diesem

System habe ich mich nun gelöst. Es ist ja nicht so, dass es überall gleich ist, aber ich habe erstaunliche Dinge erlebt. Ein Beispiel: Ein älterer Mann bekam regelmäßig, wenn ihm ins Bett geholfen wurde, eine Erektion. Darüber wurde abfällig geredet. Das ist wirklich wahr, dieser Mann wurde hinter seinem Rücken verurteilt. Als ich das dann mal angesprochen habe, wurde ich nicht für voll genommen. Maike ist böse auf uns, hieß es.

Ein weiteres Beispiel: Ein junger Typ, ungefähr 20 Jahre alt, der von seinem vierten Lebensjahr an in einer Einrichtung lebte, hatte schöne Poster von spärlich bekleideten Frauen in seinem Zimmer aufgehängt. Darüber wurden wohlgemerkt zwei Teambesprechungen abgehalten – zwei Besprechungen!" Maike ist noch immer ganz entrüstet. „Und die Poster mussten weg, verstehst du das? Meine Jungs haben auch solche Plakate in ihrem Zimmer aufgehängt, das ist doch völlig normal! (Maike hat vier Söhne, die gerade in der Pubertät sind.) Weißt du, was ich denke? Es gibt noch viel zu wenig Toleranz für ein normales Sexualverhalten."

Sie schließt wie folgt: „Ich habe mich in diesem System nicht wohl gefühlt und konnte mich nicht mehr gut dagegen wehren, damit doch noch etwas Positives daraus entstehen konnte. Darum bin ich letztendlich weggegangen."

„Also, wenn ich es richtig verstehe, war dein Motiv der Widerstand gegen das System?" „Das war der wichtigste Faktor, aber natürlich mache ich es auch des Geldes wegen." Wovon man übrigens nicht reich werden kann, wie wir beide feststellen. „Ich muss davon leben können. Manche Leute sprechen von ‚gekaufter Liebe'. Was für ein Unsinn, denke ich dann. Betreuer und Krankenschwestern arbeiten doch auch für ein Gehalt. Ich hoffe und weiß von vielen, dass ihre Arbeit ihnen auch menschliche Wärme gibt. Es verschafft mir Zufriedenheit, jemanden glücklich machen zu können. Wünsche, die mir einen Kick geben, erfülle ich; das bereitet mir Genugtuung."

„Genießt du es?"

„Natürlich, ich finde es herrlich, auch körperlich tätig zu sein. Außerdem ist es fantastisch, Liebe und Geborgenheit schenken zu dürfen."

„Es ist eben eine normale Beziehung"

„Im Laufe der Jahre fühlte ich mich immer mehr zu diesen Menschen hingezogen. Sie passen ihr Verhalten an meines an und ich mein Verhalten an ihres, genau wie in einer normalen Beziehung. Das ist auch mit Menschen mit einer geistigen Behinderung möglich, oft ist es sogar noch viel einfacher. Ich spreche meine eigene Sprache und sie verstehen mich. Diesen Menschen kann ich auf eine einfache Art begegnen, sie sind ganz spontan.

Menschen mit einer geistigen Behinderung richten sich sehr nach den Bildern, die sie im Fernsehen, in Filmen und Pornos sehen. Sie denken dann schnell: Das will ich auch, und sind darauf fixiert, alle möglichen Stellungen auszuprobieren – vor allem die Männer, die in ihrem Leben wenig berührt worden sind. Sie geben ihr Bestes, alle Männer wollen es mir recht machen, aber bis auf einige Ausnahmen sind sie keine geborenen Liebhaber. Ich zeige ihnen, dass Wärme und Liebe schöner sein kann als der reine Geschlechtsverkehr. Stellungen sind natürlich auch toll und echt schön. Aber das ist nicht die Hauptsache – in mich einzudringen ist nicht das Wichtigste. Ich vermittle ihnen, andere wichtige Dinge zu genießen: genüsslich einschlafen, sich überall streicheln, sich dem anderen hingeben."

„Eine Entdeckungsreise für uns beide"

„Bei den meisten Klienten spüre ich wenig Verlegenheit, vielleicht kurz beim ersten Kontakt, aber sie wissen genau, weswegen ich komme. Sie ergreifen schnell die Initiative und ich lasse sie zuerst einmal alles selbst erforschen. Dann kommt die Zusammenarbeit von allein zustande, im Grunde genommen ist das Ganze eine Entdeckungsreise für uns beide. Die Klienten wollen alles erkunden und meistens haben sie kaum Hemmungen. Manche gucken sogar in meine Geschlechtsorgane, um zu sehen, wie eine Scheide von innen aussieht.

Eine große Zahl von Menschen mit einer geistigen Behinderung will eigentlich gar nicht mit jemandem schlafen. Vielen geht es nach meiner Erfahrung gar nicht um den Akt selbst – die meisten finden es genauso schön, einen geblasen zu bekommen oder anders befriedigt zu werden. Aber der Akt selbst, nein, dass muss gar nicht sein. Sexuelle Spiele mögen sie und die Geborgenheit, zusammen etwas Schönes zu erleben

– das ist wichtig. Der eine möchte nur auf meine Brüste spritzen und der andere wie ein Kind an meiner Brust liegen, während ich an seinem Daumen sauge. Wichtig ist eigentlich nur, dass jemand da ist, der diese Bedürfnisse erfüllt, und dass diese Menschen die Gelegenheit bekommen, sich äußern zu dürfen."

„Sie verdrängen es nicht"

„Viele von ihnen haben noch gar keine Erfahrung – sie sind es kaum gewöhnt, berührt zu werden. Neulich begegnete ich einem Mann von fünfundsechzig Jahren. Er sendete Signale aus – er sah sich Pornofilme an. Wenn diese Menschen solche Signale geben, schlagen die Betreuer sofort Alarm. Komisch, nicht? Neulich auch, als ein junger Mann sich Sexfilme ansah – was ist denn schon dabei? Die Signale können auch ein Zeichen für Gesundheit sein: Bei diesen Menschen lebt zumindest etwas, sie verdrängen es nicht. Die Betreuer äußern manchmal die Befürchtung, dass jemand mit einem derartigen Interesse an Pornos beim Sex alle Hemmungen fallen lassen würde. Meine Erfahrung ist genau das Gegenteil: Meistens haben sich gerade diese Menschen gut unter Kontrolle. Und glaub' mir – je größer der Verstand, desto größer das Tier."

„Sie blühen auf"

„Ein Mann mit einer leichten geistigen Behinderung sagte zu mir: ‚Du kannst dir gar nicht vorstellen, wie wichtig es für mich ist, dass du speziell für mich kommst.' Das hat mich sehr beeindruckt. Der Mann war lange Zeit depressiv und jetzt blüht er wieder auf. Bei einem anderen Klienten bemerkte ich, dass es immer mehr Wärme in unserer Beziehung gab. Er lernte, mich zuvorkommend zu behandeln. Früher hatte er große Mühe, die Hände von Frauen zu lassen, und jetzt verhält er sich viel höflicher. Diese Menschen freuen sich, dass sie eine Beziehung haben – es kommt jemand speziell für sie.

Mir fällt auf, dass viele Menschen, bei denen deutlich wird, dass sie vorher jemandem lästig waren, bei mir gut zurecht kommen. Schade, dass ein Mensch erst lästig werden muss! Bedürfnisse bestehen bei vielen Menschen und meiner Meinung nach wird es höchste Zeit, dass wir auf diese Menschen hören."

Die Nachfrage bei der Stiftung ist leider größer als ihr Angebot, das hat unter anderem finanzielle Gründe. Einige niederländische Gemeinden erstatten die Besuche vollständig oder zum größten Teil. Es besteht jedoch keine strukturelle Finanzierung für die Stiftung und auch keine Erstattungsmöglichkeit für die zu betreuenden Personen (ein eineinhalbstündiger Besuch kostet ca. 70.00 Euro). Schade, dass nicht alle, die betreut werden möchten, eine solche Dienstleistung in Anspruch nehmen können.

6.11 Pornografie

Pornografie, ob soft oder hart, wird von vielen Menschen sehr geschätzt und die Ausleihzahlen in Videotheken zeigen, dass die Nachfrage danach sehr groß ist. Viele Menschen schauen Pornofilme an, die sehr anregend sein und dazu anspornen können, Sexualität auf eine bestimmte Art und Weise zu erleben – das gilt auch für manche Menschen mit einer geistigen Behinderung.

Im Kapitel 5.4 habe ich bereits Walter und Frank erwähnt. Walter werden alle sexuellen Anreize vorenthalten – er kann nicht damit umgehen. Walter und seine Umgebung werden geschützt. Frank hingegen kann, wenn er dabei betreut wird, verantwortlich mit sexuellen Reizen umgehen. Deshalb müssen die Betreuer auch nicht restriktiv auftreten. Der Umgang mit Pornografie muss im Licht der (Un-)Möglichkeiten des individuellen Menschen und seines sozialen Rahmens gesehen werden.

Das bedeutet, dass wir mit unseren Klienten über das Anschauen von Pornofilmen reden müssen, auch auf die Gefahr hin, bevormundend zu sein – das Risiko müssen wir eingehen. „Sie sehen sich auch Filme an, in denen Erotik und Sex vorkommen. Darüber reden und erklären, wozu Sex und Pornografie dienen, wird laut der Rutgers Stiftung Mittel-Niederlande immer notwendig bleiben." (Van der Zalm, 1994)

Warum? Weil wir als Betreuer(in) manchmal etwas dazu beitragen müssen, damit die betrachteten Pornobilder vom Klienten bzw. bei der Klientin angemessen eingeordnet werden können und nicht irreale Vorstellungen bei ihnen hervorrufen – darin liegt unsere Verantwortung.

Welche Assoziationen wecken die gesehenen Bilder bei diesem Menschen? Inwieweit wird sein Bild von seiner eigenen Sexualität und der anderer beeinflusst, egal, ob er eine Beziehung hat oder nicht? Der eine kann gut mit Pornografie umgehen, der andere nicht. Manche Klienten können die Fiktion von der Realität trennen („Ich benutze Pornografie, um ein gesundes Bedürfnis auf angemessene Art und Weise zu befriedigen"), der andere sieht nur Übereinstimmungen zwischen Fiktion und Realität („Ich übertrage die durch die Bilder geschaffenen Erwartungen auf meine Umgebung"). Das kann für unsere Klienten nachteilige Auswirkungen haben, denn so kann allzu schnell der Eindruck entstehen, dass eine Frau oder ein Mann immer zur Verfügung stehen (das heißt, die Frau oder der Mann werden nur als Lustobjekt gesehen). Auch können Klienten denken, dass man bei der kleinsten Andeutung immer gleich mit dem anderen schlafen wolle. Das Wissen darum, wie solche Vorstellungen entstehen, ist ein wesentlicher Bestandteil der sexuellen Aufklärung.

Karl sieht sich ab und zu Pornobilder an und weiß, dass er das nur in seinem Zimmer darf. Die Bilder erregen ihn und helfen ihm, sich selbst so angenehm wie möglich zu befriedigen.

Manche Menschen können gar nicht mehr ohne Pornografie leben – sie gehen ganz darin auf. Was bedeutet dieses Verhalten? Welche Funktion hat es? Wir sollten versuchen, dies zu ergründen.

Marcel sieht sich in seiner Freizeit ständig Pornofilme an. Was bedeutet das für ihn? In einem kleinen Team wird diese Frage erörtert. Ein Betreuer sagt: Wenn jemand das gerne möchte und Freude daran hat, dann können wir es ihm doch nicht verbieten! Das Erleben des Klienten stehe schließlich im Mittelpunkt und Marcel schade weder sich noch einem anderen. Die anderen Teammitglieder fragen sich jedoch, inwieweit Marcels Verhalten zwanghaft sei und ob dabei nichts zu kurz käme. Er konzentriere sich immer mehr auf alles, was irgendwie mit Stellungen zu tun habe. Er nehme seine Umgebung nicht mehr wahr und verliere sich völlig in dieser Sache. Auch die Kontakte mit Mitbewohnern würden abnehmen. Ein Mensch sei doch mehr als nur ein sexuelles Wesen? Wie bei jeder Zwangsstörung müssen wir auch hier Grenzen setzen, sagen die Teammitglieder, wichtig sei, dass dies bewusst, gezielt und systematisch geschehe. Nach Rücksprache mit Marcel werden seine Beschäftigungen dosiert und kanalisiert. Er wird wieder regelmäßig an anderen Aktivitäten beteiligt.

Das Anschauen von Pornofilmen gehört zur Privatsphäre des Klienten. Damit will ich sagen, dass man solchen Aktivitäten alleine oder zusammen mit seinem Partner in seinem eigenen Zimmer nachgeht und nicht im gemeinsamen Wohnzimmer, es sei denn, die Betreuerinnen und die Betreuer wollen sich im Rahmen der Aufklärung zusammen mit den Klienten einen solchen Film ansehen. Dann kann zum Beispiel darüber gesprochen werden, wie man sich gegen Übergriffe wehren und sich ein Bild machen kann.

6.12 Der Sinn von Offenheit

Ich möchte hier zwei Zitate anführen: „Sexuelle Betreuung und Aufklärung scheinen in vielen Einrichtungen noch ein großes Problem zu sein. Offen über Liebe und Sexualität zu reden ist noch immer mit einem Tabu belegt – in vielen Teams und vor allem zwischen den Teammitgliedern und der Leitung. Einzelne Mitarbeiter wollen zwar gerne darüber reden, und das auch ganz offen, aber dann nur mit einem Außenstehenden" (Vink, 1991).

Das zweite Zitat: „Das Bedürfnis, die Werte und Normen des anderen kennen zu lernen, um ein schwieriges Thema wie Sexualität zur Sprache zu bringen, scheint in Wohngruppen und Behindertenwohnheimen sehr groß zu sein – aber meistens geschieht trotzdem nichts. Wenn überhaupt über Sexualität gesprochen wird, dann nur, weil die Probleme nicht mehr zu vertuschen sind: Vergewaltigung, Missbrauch, Inzest, öffentliche Masturbation. Und dann wird hauptsächlich über die Lösung dieses Problems gesprochen. Die Normen und Werte der Gruppenleiter werden nicht thematisiert und schon gar nicht ihre eigenen Erfahrungen, die eine große Rolle bei der Betreuung spielen können.

Auch die schönen Seiten der Sexualität werden nicht berührt, genauso wenig wie die verwirrenden sexuellen Gefühle, die Gruppenleiter gegenüber Bewohnern haben können" (ebd.).

Angesichts der Abhängigkeit der Klienten von unserer Haltung sind dies traurige Aussagen – Betreuer sollten Offenheit ausstrahlen. „Sexuelle Aufklärung sehe ich als eine der Möglichkeiten. Doch die Praxis zeigt, dass Betreuer in der Regel über ihren Schatten springen müssen, um Klienten adäquat und selbstverständlich aufklären zu können. Das ist oft eine Frage der Grenzen – unsere eigenen Grenzen müssen verändert werden. Das ist auch das, was sich der Klient manchmal wünscht, und er hat ein Recht darauf *(Emanzipation)*" (Bosch, 2000).

Im Abschnitt 6.3 habe ich darauf hingewiesen, wie praktisch und notwendig es in Aufklärungssituationen sein kann, einen Katalysator zu benutzen, nämlich eine außenstehende Person, die das Gespräch fachmännisch und angenehm in die Wege leiten kann. Manchmal muss eine Kultur geändert werden, um eventuell latent vorhandene Wünsche nach Unterstützung zu Tage zu fördern und auf sie reagieren zu können.

Die Leitungsebene muss für einen deutlichen Bezugsrahmen sorgen
Für Offenheit muss bewusst Raum geschaffen werden – das ist eine wichtige Aufgabe der Leitungsebene von Einrichtungen. Das Leitungspersonal muss der Offenheit Raum geben, denn die Klienten haben ein Recht darauf. Die Leitung muss auch für einen deutlichen Bezugsrahmen für die Sexualität und die Beziehungen von Menschen mit einer geistigen Behinderung sorgen. Das ist eine große Verantwortung und erfordert eine klare Grundeinstellung gegenüber diesen Menschen, die allem anderen zugrunde liegen muss (Bosch, 1994c). Wir sollten eine breite Basis für diesen Bezugsrahmen schaffen. „Letztendlich gelangen Betreuer, Leitung, Familienrat, Teamleiter und alle anderen zu einem gemeinsamen Bezugsrahmen. Wir sollten uns für die Entwicklung einer Grundeinstellung genügend Zeit nehmen, denn die Qualität der von allen vertretenen Einstellung wird an der Begegnung mit den Klienten gemessen werden" (Bosch, 1994c). Wenn wir zusammen über die Vorgehensweise nachgedacht haben und alle daran beteiligt waren, können wir später auch Bezug darauf nehmen.

Die Leitungsebene muss auch dafür sorgen, dass der Bezugsrahmen eingehalten wird: Sie sollte regelmäßig die Durchführung kontrollieren und evaluieren und, wenn erforderlich, den eingeschlagenen Weg anpassen.

Wenn die Leitungsebene es versäumt hat, einen Bezugsrahmen für die Vorgehensweise auf dem Gebiet der Sexualität und der Beziehungen zu schaffen, wird dieses Thema oft auch unter den Betreuer verschwiegen und dadurch kann viel Elend entstehen.

Offenheit auf dem Gebiet der Sexualität und der Beziehungen ist eine notwendige Voraussetzung, um das Risiko von sexuellem Missbrauch zu verringern. Dieses Thema werde ich im folgenden Kapitel ausführlich behandeln.

6.13 Diskussionspunkte und Aufgaben

1. Betreuer und Erzieher von Menschen mit einer geistigen Behinderung geben in gewissem Maße ihr eigenes Körperbild an die ihnen anvertrauten Menschen weiter (sexuelle Erziehung ist eine innere Haltung). Besprechen Sie in der Gruppe, wie Sie in Bezug auf Sexualität und Beziehungen erzogen worden sind und was Ihre Klienten davon spüren könnten. Sprechen Sie auch darüber, wie viel Raum zum Experimentieren Sie in Ihrer Pubertät erhalten haben.

2. Bernd wohnt in einer dezentralen Wohneinheit. Er ist oft sexuell erregt, kann sich aber nicht selbst befriedigen. Ihr Team ist für sein Wohlergehen verantwortlich. Wie reagieren Sie?

3. In welchem Alter oder Entwicklungsstadium würden Sie mit der sexuellen Aufklärung beginnen?

4. Diskutieren Sie den Wortschatz, der Ihnen für die sexuelle Aufklärung zur Verfügung steht. Welche Ausdrücke würden Sie benutzen und warum?

5. Was halten Sie von der Arbeit der niederländischen Stiftung „Alternatieve Relatiebemiddeling"? Würden Sie eine Mitarbeiterin der Stiftung einsetzen?
Ein Betreuer sagte einmal zu mir: „Das müsste viel öfter geschehen, einfach um diesen Menschen zu zeigen, was es bedeutet, etwas Körperliches, etwas Sexuelles mit einem anderen zu erleben. Außerdem lernt ein Mensch mit einer geistigen Behinderung so seinen Körper viel besser kennen. Das ist reine Aufklärung!" Sind Sie auch dieser Meinung?

6. Nehmen Sie Stellung zu folgender These: „Pornografie ist ein gutes Ventil für die Menschen (mit einer geistigen Behinderung)."

7. Eine weitere These lautet: „Es besteht verdammt wenig Offenheit in der Betreuung, wenn es um die Sexualität und die Beziehungen von Menschen mit einer geistigen Behinderung geht. Wir müssten uns dann ja selbst eine Blöße geben." Stimmen Sie dem zu?

8. Erik und Mathilde leben in einer dezentralen Wohneinheit. In letzter Zeit haben sie sehr viel Kontakt miteinander und es scheint,

dass sie sich auch körperlich zueinander hingezogen fühlen. Sexualaufklärung haben sie jedoch nie erhalten. Entwickeln Sie gemeinsam ein schrittweises Aufklärungsprogramm. Erklären Sie anschließend den Eltern Absicht und Inhalt des Programms.

9. Die Normen und Werte von Bernd (siehe Abschnitt 6.5.4) sind Tagesordnungspunkt auf der Teambesprechung. Anwesend sind der Leiter (m/w), zwei Betreuer (m/w), ein Heilpädagoge (m/w) und Bernds Eltern. Versuchen Sie als Leiter(in), zwischen den Anwesenden einen Konsens herzustellen. Am Ende der Versammlung muss deutlich geworden sein, wie die Aufklärung für Bernd aussehen soll, wer welche Aufgaben übernimmt und warum. Zu einem späteren Zeitpunkt nimmt Bernd auch an dieser Besprechung teil, sodass er nach seiner Meinung gefragt werden kann.

7. Sexueller Missbrauch

7.1 Einführung: Sexueller Missbrauch – gibt es das überhaupt?

Die meisten Menschen können sich kaum vorstellen, dass sexueller Missbrauch existiert – bei Menschen mit einer geistigen Behinderung schon gar nicht. Die Ungläubigkeit ist groß, auch wenn die Medien diesem Thema immer mehr Aufmerksamkeit schenken. Vertrauensarzt Peters sagt dazu: „Man kann es sich kaum vorstellen und gerade das ist das Problem. Deshalb versucht die Gesellschaft es zu leugnen, weil es wirklich schrecklich ist. Aber nach allem, was ich in meiner Praxis erlebt habe (Babys, die im Alter von einigen Monaten missbraucht und vergewaltigt worden sind, Männer, die sich von kleinen Kindern oral befriedigen ließen), muss ich sagen, dass mich beinahe nichts mehr in Erstaunen versetzen kann. Auch wenn ich noch immer schockiert bin, ist mir nichts mehr unvorstellbar geblieben, auch nicht, dass Eltern ihr geistig behindertes Kind sexuell missbrauchen" (Smit, 1990).

Sexueller Missbrauch kommt vor, und zwar viel öfter als wir denken. Ich kenne Einrichtungen, in denen ungefähr die Hälfte der Bewohnerinnen sexuellen Übergriffen ausgesetzt war. Meistens denken wir aber erst darüber nach, wenn wir selbst mit sexuellem Missbrauch konfrontiert werden (weil wir meinen, so etwas kann nur bei anderen geschehen).

Der Untersuchungsbericht *Sexueller Missbrauch bei Menschen mit einer geistigen Behinderung: eine Untersuchung über Ausmaß, Signale und Vorbeugungsmaßnahmen* (Van Berlo, 1995) stellt schonungslos und eindrücklich die Ergebnisse einer Studie vor, die vom niederländischen Institut für Soziale Sexualforschung im Auftrag des niederländischen Verbandes der Elternvereinigungen durchgeführt wurde.

Die Zahlen sind deutlich. Über das Ausmaß und weitere Aspekte des Missbrauchs findet sich in der Zusammenfassung unter anderem

Folgendes: „Die Befragten teilen mit, dass in den vergangenen zwei Jahren 1,2 Prozent der Menschen mit einer geistigen Behinderung Opfer eines sexuellen Missbrauchs geworden sind und dass bei 1,3 Prozent dieser Menschen der Verdacht besteht. Umgerechnet auf die Gesamtzahl der Menschen mit einer geistigen Behinderung, die in Einrichtungen leben, würde das bedeuten, dass bei ungefähr 1100 Menschen mit einer geistigen Behinderung in den vergangenen zwei Jahren sexueller Missbrauch aufgedeckt wurde und dass bei noch einmal fast 1200 von ihnen der Verdacht besteht. Vier Fünftel der Opfer sind weiblichen Geschlechts, die Täter sind hauptsächlich männlich. Die Opfer entstammen allen Altersstufen, die größte Gruppe ist zwischen 17 und 30 Jahre alt. Die meisten Opfer haben eine leichte oder mäßige geistige Behinderung. Daher müssen wir uns fragen, ob Missbrauch bei Menschen mit einer schweren geistigen Behinderung nicht vorkommt oder ob er möglicherweise bei diesen Menschen einfach nicht entdeckt wird. Täter sind vor allem andere Menschen mit einer geistigen Behinderung, Angehörige und in geringerem Maße professionelle Mitarbeiter. Eine vierte Gruppe von Tätern besteht aus Dorfbewohnern oder Menschen aus der Region, Kneipenbesuchern usw." (Van Berlo, 1995)

Wenn festgestellt wird, dass eine Bewohnerin oder ein Bewohner einer Einrichtung sexuell missbraucht worden ist, löst das sehr viele Gefühle und Fragen aus. Wie konnte das passieren? Stellen wir uns einmal vor, dass der Täter ein Kollege ist: Bestürzung, Wut, Verdruss, Ungläubigkeit, Verleugnung, Hass, Misstrauen und andere Gefühle sind die Folge. Wie kann ein Kollege, mit dem wir bislang über alle möglichen intimen Angelegenheiten wie Nähe, Wärme, Sexualität und Tod geredet haben, jemand, dem wir vertraut haben, den wir zu kennen glaubten, so etwas nur tun? Natürlich kann auch das Opfer ziemlich traumatisiert sein. Wie sollten wir mit ihm umgehen und wie mit den Eltern des Opfers?

Dies sind nur einige der Fragen, die das Thema mit sich bringt. Einige dieser Fragen möchte ich hier erörtern. Dabei beziehe ich mich auf die zumeist bitteren Erfahrungen, die ich in der Betreuung machen musste; zusätzlich werde ich auf ausgewählte Literatur zum Thema verweisen.

Bevor ich im Abschnitt 7.3 auf die Definition des Begriffs „sexueller Missbrauch", das Phänomen der Macht und mögliche Anzeichen für sexuellen Missbrauch eingehe, möchte ich mich zunächst zu dem Tabu äußern, das noch immer auf diesem Thema liegt (7.2). Das Schweigen ist auffällig, insbesondere, wenn wir uns vor Augen führen, dass Menschen mit einer geistigen Behinderung als „ideale Opfer" für sexuellen Missbrauch bezeichnet werden. Auf diesen Aspekt sowie auf den Loyalitätskonflikt komme ich im Abschnitt 7.3 zurück.

Anschließend gehe ich auf die Betreuung der Opfer (7.4) und ihre notwendige Behandlung (7.5) ein. In Abschnitt 7.6 widme ich mich der Betreuung des Teams und im Abschnitt 7.7 kommen die Eltern der Opfer zur Sprache.

Während der Betreuung kommen sich Betreuer(in) und Klient(in) häufig sehr nahe und es kann eine sehr intime Situation entstehen. Manchmal entwickelt sich ein Vertrauensverhältnis, bei dem Berührungen und Körperlichkeit eine wichtige Rolle spielen können. Wie gehen wir als Betreuer damit um? Diese Frage und der Umgang mit unseren Grenzen soll im Abschnitt 7.8 im Mittelpunkt stehen.

Im Abschnitt 7.9 betone ich nochmals die Bedeutsamkeit der Sexualaufklärung – mit Hilfe von Offenheit kann diesen Menschen viel Elend erspart bleiben. Im Abschnitt 7.10 wird es darum gehen, wie wichtig eine eindeutige Verfahrensanweisung im Umgang mit sexuellem Missbrauch in einer Organisation ist. Eine konsequente Vorgehensweise im Fall eines sexuellen Missbrauchs ist ein unentbehrliches Instrument zur Qualitätssicherung. Abschnitt 7.11 beschließt das Kapitel mit Fragen und Anregungen zur Diskussion.

7.2   Das große Schweigen

Vielen Menschen fällt es schwer, über Sexualität zu reden, geschweige denn über sexuellen Missbrauch und erst recht über sexuellen Missbrauch von Menschen mit einer geistigen Behinderung. Das macht Missbrauch zu einem schwierigen Thema – allein Offenheit kann uns da weiterhelfen. Stellen Sie sich einmal vor, Sie hätten den Verdacht, eine Bewohnerin Ihrer Einrichtung sei sexuell missbraucht worden. Bringen Sie dies zur Sprache? Das hängt normalerweise sehr von den Umständen ab, von unserer Persönlichkeit und der Kultur unseres Arbeitsplatzes. Kann man von einer „Verschwörung des Schweigens" *(conspiracy of silence)* sprechen?

„Damit ist eine deplatzierte Form der Kollegialität gemeint, bei der Vermutungen nicht ausgesprochen werden, um eine Kollegin oder einen Kollegen zu schützen. So kann ungewollt eine ‚Verschwörung' entstehen, die nur schwer zu durchbrechen ist. Wir dürfen nicht vergessen, dass die Achtsamkeit in Bezug auf Hinweise des sexuellen Missbrauchs eine sehr wichtige Aufgabe der Mitarbeiter darstellt. In der Einrichtung sollte in aller Deutlichkeit festgelegt werden, dass eine Mitteilungspflicht existiert und dass eventuelle Signale immer gemeldet werden müssen. Ein Nichtbefolgen dieser Anweisung ist dann unzulässig und Mitarbeiter, die einen Verdacht aussprechen, müssen keine Schuldgefühle mehr haben" (Scharloo, 1991). Ich werde auf diesen Punkt in Abschnitt 7.10 zurückkommen, wenn ich mich mit der Verfahrensanweisung beschäftige.

Wie offen gehen wir mit dem Thema sexueller Missbrauch um? Gibt es noch viele Einrichtungen, die das Thema mit dem „Mantel der Nächstenliebe bedecken", damit vor allem keine schmutzige Wäsche gewaschen werden muss? „Bei uns passiert so etwas nicht." Mit einer solchen Haltung schaden wir uns selbst, mit Offenheit beweisen wir andererseits die Qualität unserer Einrichtung und können möglicherweise eine Wiederholung der Delikte verhindern.

Das ideale Opfer

Offenheit ist äußerst wichtig, weil Menschen mit einer geistigen Behinderung „das ideale Opfer" für einen möglichen sexuellen Übergriff sind. So betrachtet ist das „große Stillschweigen" umso schlimmer. Menschen mit einer geistigen Behinderung werden im Verhältnis häufiger Opfer von sexuellem Missbrauch als Menschen ohne eine solche Behinderung. Das hängt mit verschiedenen Faktoren zusammen.

Menschen mit einer geistigen Behinderung sind, mehr oder weniger, von ihren Erziehern, Versorgern und Betreuern abhängig. Auf Grund ihrer Behinderung sind sie sich dessen nicht bewusst und haben sich selbst und ihre Umgebung weniger im Griff. Oft kennen sie nicht einmal ihren eigenen Körper und wissen nicht genau, was sich gehört und was sich nicht gehört (siehe auch hier wieder die große Bedeutsamkeit der Sexualaufklärung!). Häufig sind diese Menschen verletzbarer, weniger selbstsicher und – relativ gesehen – sozial eher isoliert.

Wir können in der Regel bei diesen Menschen von einer Abhängigkeitsbeziehung sprechen. Ihre Umgebung regelt, ob zurecht oder auch nicht, sehr viel stellvertretend für diese Menschen. Dadurch kann mehr Macht über sie ausgeübt werden als über Menschen ohne Behinderung. Die Betreuer helfen den Klientinnen und Klienten, wenn nötig, beim Ins-Bett-Gehen, beim Duschen und in vielen anderen Situationen, die einen recht intimen Charakter haben. Menschen kommen sich in solchen Situationen näher und teilen intime Augenblicke miteinander. Das ist völlig normal, denn in einer Beziehung, die durch gegenseitiges Vertrauen gekennzeichnet ist, dürfen wir so etwas auch erwarten. Eine angenehme, herzliche Beziehung ist notwendig, um Selbstvertrauen zu bekommen und innerlich zu wachsen. Ein Klient bzw. eine Klientin braucht Vertrauen, um sich sicher zu fühlen, und Sicherheit ist nötig, um sich anderen Dingen widmen zu können und sich zu entwickeln. In einer solchen vertrauten Beziehung kann Missbrauch vorkommen – die Versuchung liegt nahe.

Darüber hinaus kann es von Nachteil sein, dass Menschen mit einer geistigen Behinderung „... mit mehreren Betreuern zu tun haben. Ihr Leben hat durch die Betreuer, die meistens nur ‚Bruchteile‘ ihres täglichen Lebens sehen, etwas Fragmentarisches an sich. *Kurzum, sie sind eine verletzbare Gruppe!*“ (Olde Loohuis, 1994)

Diese Verletzlichkeit und Abhängigkeit wird durch die in der Regel stärker körperbetonte Kommunikationsweise der Menschen mit einer geistigen Behinderung noch verstärkt. Sie stehen im Allgemeinen natürlicher und weniger sprachfixiert im Leben als wir und zeigen ihre Abhängigkeit und Anhänglichkeit auf körperlichem Gebiet.

Maria, eine gut aussehende Frau von fünfundvierzig Jahren, wohnt in einer Behinderteneinrichtung. Sie setzt sich regelmäßig bei ihrem Betreuer Johann auf den Schoß. Johann ist einer der wenigen Menschen, zu denen Maria ein wenig Vertrauen hat. Sie schmiegt sich an Johann und fühlt sich bei ihm sicher.

Annika hat die Neigung, jedem um den Hals zu fallen: ihren Eltern, ihren Betreuern, dem Postboten und dem Fensterputzer. Annika ist ziemlich spontan, sie kann nicht sprechen und drückt vieles mit ihrer Körpersprache aus.

Was genau wird mit dieser Körperlichkeit ausgedrückt? Welche Bedeutung misst die Umgebung diesem Verhalten bei und welche Gefühle weckt das Verhalten in der Umgebung? Meistens signalisieren diese körperlichen Äußerungen Folgendes: „Ich suche Geborgenheit." „Ich mag dich." „Ich finde es schön, mit dir herumzuschäkern." „Dies ist meine Art, dich ein bisschen zu provozieren." Aber versteht die Umgebung das auch so? Manchmal können solche Äußerungen auch bedeuten: „Ich finde dich toll." „Ich bin scharf auf dich." „Ich möchte etwas mit dir anfangen." Wie reagiert die Umgebung dann? Wie auch immer die Reaktionen aussehen mögen, diese Art zu kommunizieren vergrößert die Verletzbarkeit der Betroffenen erheblich.

Der Loyalitätskonflikt
Kinder (und mehr oder weniger Menschen mit einer geistigen Behinderung) sind sehr von der Liebe ihrer Eltern und/oder Versorger abhängig. Die eigenen Eltern verstoßen wir nicht, wir klagen sie nicht an. Was geschieht mit uns, wenn wir keine Eltern mehr haben? Dann vermissen wir Wärme und Sicherheit. Olde Loohuis (1994) spricht von „... einem Band, das aus zwei Dingen besteht, nämlich *Macht und Liebe*. Es ist eine auffallende klinische Tatsache, dass kein Kind seinen Eltern gegenüber loyaler ist als ein misshandeltes Kind. Es ist besser, ein ‚schlechtes' Kind von ‚schlechten' Eltern zu sein als überhaupt niemanden zu haben und deshalb auch nichts zu sein." Die Umgebung kann diese unverkennbar große Loyalität missbrauchen, sie kann mit Hilfe von Drohungen Macht ausüben.

Robert hat einige Jahre lang zwei Frauen in einem Behindertenwohnheim sexuell missbraucht. Zu einer der beiden sagte er regelmäßig, dass sie nicht erzählen dürfe, was sie da zusammen taten. Robert war schließlich verheiratet und hatte zwei Kinder. „Stell dir nur vor, dass ich auf meine Kinder verzichten müsste. Was soll dann aus ihnen und mir werden?"

7.3   Definition und Signale

Wir haben bereits mehrmals den Begriff „Macht" behandelt. Wir finden ihn auch in der folgenden Definition von sexuellem Missbrauch wieder: „Sexuelle Kontakte von Angehörigen, Betreuern, Mit-Klienten oder anderen, die gegen den Willen des Opfers stattfinden oder ohne dass er/sie das Gefühl hat, die sexuellen Kontakte abwehren zu können. Es handelt sich dabei um sexuelle Kontakte im Rahmen eines Machtverhältnisses, die mit körperlicher Gewalt und/oder psychischem und emotionalem Druck oder Zwang einhergehen. Es kann sich sowohl um sexuelle Gewalt durch (Un-)Bekannte, als auch um sexuellen Missbrauch durch Angehörige (Inzest) handeln. Auch unerwünschte Intimitäten gelten als sexueller Missbrauch" (Van Kooten Niekerk, 1991).

Das Ungleichgewicht im Machtverhältnis findet sich in Beschreibungen von Missbrauchssituationen immer wieder. So sagt Plötz (1988): „Inzest hängt mit schiefen Machtverhältnissen zusammen. Ein Kind ist von seinen Eltern abhängig. Es hat das Bedürfnis nach Wärme und Zuneigung, und von Natur aus wird ein Kind immer versuchen, es den Eltern recht zu machen, damit es Wärme und Zuneigung bekommt. Ein Inzesttäter missbraucht seine Machtposition."

Olde Loohuis stellt nachdrücklich den Macht-Aspekt über den der Sexualität, wenn es um sexuelle Gewalt geht. Dieser Auffassung möchte ich mich anschließen: „Ich sehe sexuelle Gewalt an erster Stelle als eine Form des Machtmissbrauchs – als sexuelle Machtausübung, bei der es der bewusste oder unbewusste Wunsch des Täters ist, Macht über sein Opfer auszuüben. Erst an zweiter Stelle ist das Ganze ein sexuelles Problem. Ein Täter sucht jemanden, über den er Macht ausüben kann, und nicht jemanden, wie leider oft angenommen wird, der sexuell anziehend ist. Es ist einer der vielen Mythen über sexuelle Gewalt, dass man jung und hübsch sein müsse, um diesem Risiko ausgesetzt zu sein. Auch für Menschen mit einer geistigen Behinderung besteht dieses Risiko" (Olde Loohuis, 1994). Übrigens kenne ich auch hübsche junge

Menschen mit einer geistigen Behinderung; und mein Nachfragen hat ergeben, dass Frau Olde Loohuis das auch so sieht. Ich zitiere weiter: „Was auf jeden Fall wichtig ist, ist *das Ausmaß der Verletzbarkeit und wie der Täter dieses Ausmaß einschätzt.* Wenn man bedenkt, dass Menschen mit einer geistigen Behinderung aufgrund ihres Bedürfnisses nach Betreuung und zusätzlicher Aufmerksamkeit sehr verletzbar sind, sind sie für den Täter natürlich besonders gut geeignet. Gerade diese Gruppe kann nur schwer Grenzen setzen und befindet sich oft in ohnmächtigen Situationen. Ihr Defizit im Bereich des geistigen Vermögens verstärkt das Ungleichgewicht der Macht, wodurch sich diese Menschen in einer ‚doppelten' Abhängigkeitsposition befinden." Das ist noch ein zusätzlicher Grund, aufzuklären und miteinander so offen wie möglich umzugehen.

Signale

Um herauszubekommen, ob ein sexueller Missbrauch vorliegt, müssen die Signale richtig interpretiert werden. Es ist daher erforderlich, die Signale, die auf sexuellen Missbrauch hinweisen könnten, gut zu kennen. Haben die Personen, die täglich mit Menschen mit einer geistigen Behinderung umgehen, tatsächlich ausreichende Kenntnisse auf diesem Gebiet? „Oft erkennen Betreuer erst zu spät, was Sache ist, sie sind nicht aufmerksam genug und rechnen gar nicht damit. Sexueller Missbrauch hätte häufig viel eher entdeckt werden können, wenn die Signale der Bewohnerin nicht ignoriert oder falsch interpretiert worden wären. Auch Gruppenleiter hegen keinen Argwohn bei einem im Nachhinein doch recht eigenartigen Verhalten" (Ter Haar, 1990). „Das Verhalten von Gruppenleitern hätte in manchen Fällen andere aufmerksam werden lassen müssen, denn dieses Verhalten überschreitet Grenzen – vor allem, wenn isolierte und abgeschlossene Situationen geschaffen werden" (ebd.). Hinsichtlich der Kenntnis von Signalen schreibt Van Berlo (1995): „Aus der Untersuchung geht hervor, dass ein großer Teil der Befragten nicht genügend Kenntnis der Signale hat, die auf sexuellen Missbrauch hinweisen könnten, obwohl ausführliche Beschreibungen der Signale in der Literatur bekannt sind. Psychologen/Pädagogen können mehr Signale benennen als Gruppenleiter und Personen, die mit konkreten Fällen oder Verdachtsfällen zu tun hatten, führen mehr Signale an als Personen, die keine Erfahrungen mit Missbrauch haben."

Auch sollten wir uns der Tatsche bewusst sein, dass viele Signale zwar die Folge von sexuellem Missbrauch sein können, sie können aber ebenso gut auf andere unterschwellige psychische Probleme hinweisen. Im einen Fall ist es möglicherweise ziemlich deutlich, dass es sich um sexuellen Missbrauch handelt, und das andere Mal ist es sehr schwierig, ein eindeutiges Bild zu erhalten. „Dies gilt in noch größerem Maße für Heimbewohner mit einer geistigen Behinderung. Viele der in der Literatur genannten Signale können auch eine Folge der Behinderung sein. Denken wir z.b. einmal an Menschen, die sich selbst verletzen oder Essstörungen haben, nicht sauber sind, nicht an sozialen Aktivitäten teilnehmen, sich aggressiv verhalten, Angst vor Fremden oder vor körperlichem Kontakt haben, hyperaktiv sind oder ungehemmtes sexuelles Verhalten an den Tag legen. Vor allem bei Menschen mit einem niedrigeren Entwicklungsstand kommen diese Dinge vor" (Kroef, 1989). Eine Liste mit Signalen „kann einen Halt bieten, aber gleichzeitig birgt sie auch eine Gefahr. Die angeführten Signale können eine Folge von sexuellem Missbrauch sein, aber sie können auch andere Ursachen haben. Wenn bestimmte Signale wahrgenommen werden, muss an die Möglichkeit des sexuellen Missbrauchs gedacht werden, aber weitere Möglichkeiten dürfen nicht außer Acht gelassen werden" (Van Kooten Niekerk, 1991).

Nachstehend folgt eine (unvollständige) Auflistung von Beschwerden und Signalen, wie sie bei Olde Loohuis zu finden ist. Olde Loohuis stützt sich auf Woelinga (1988) und Van Kooten Niekerk (1991), hat die Liste aber durch ihre eigenen Erfahrungen ergänzt. Woelinga und Van Kooten beschreiben Signale, die für normal begabte Kinder und Erwachsene gelten, aber auch auf Menschen mit einer geistigen Behinderung zutreffen können. Olde Loohuis' eigene Erfahrungen entstammen der Betreuung von Menschen mit einer geistigen Behinderung. Ihre Liste soll helfen, uns ein Bild zu machen. (Für eine ausführlichere Beschreibung der Signale siehe Van Kooten Niekerk, 1991.)

1. Das Gefühl, „schmutzig", „schlecht", „anders" zu sein; kein anderer auf der Welt hat so etwas Schreckliches erlebt; die Neigung, sich missbrauchen zu lassen, auch auf anderem Gebiet.

2. Probleme im zwischenmenschlichen Bereich; keine guten Kontakte knüpfen können; ein Verhalten an den Tag legen, das negative Reaktionen weckt, wodurch die Isolation noch vergrößert wird; Einsamkeit; häufig die Schule schwänzen; weglaufen; von zu Hause weg wollen; sich abseits halten (häufig mit Geheimhaltung verbunden); Konzentrationsprobleme.

3. Erlernte Hilflosigkeit; sich extrem machtlos fühlen; in der Opferrolle stecken bleiben; Minderwertigkeitsgefühle; Schuldgefühle; ein negatives Selbstbild; ein schwächeres Selbstbild als man angesichts des kognitiven Niveaus erwarten würde; Depression; Verwirrung; Eltern, die damit drohen, die Bewohnerin bzw. den Bewohner mit nach Hause zu nehmen; starke Abhängigkeit von der Gruppenleitung.

4. Extrem beherrschtes Verhalten; ungerührt über Gefühle reden; jede Expressivität und alle Gefühle vermeiden; von den eigenen Gefühlen entfremdet sein; immer auf der Hut sein; Geschehnisse extrem kontrollieren wollen.

5. Negatives Körpererleben; verkrampfte Körperhaltung; „steif wie ein Brett sein"; Berührungsängste; sich unter viel Kleidung verstecken; die Jacke nicht ausziehen wollen; Angst vor dem Umziehen haben.

6. Länger andauernde körperliche Beschwerden; Schlafstörungen; Müdigkeit; Kopfschmerzen; Bauchschmerzen; Menstruationsschmerzen; Essstörungen; Übelkeit; Erbrechen (Anorexie, Bulimie, Adipositas). Häufige Blasenentzündungen; Harnwegsinfektionen; Bettnässen.

7. Selbstzerstörerisches Verhalten; Suizidversuche; Selbstverstümmelung (Automutilation); sich kratzen; nichts mehr fühlen, auch keine Schmerzen; Süchte (Zigaretten, Alkohol, Drogen oder Beruhigungsmittel); Zerstörungsdrang.

8. Ängste; Phobien; Argwohn; Misstrauen; Panik; das Gefühl, dass andere über einen reden oder dass man niemandem vertrauen kann; sich mit niemandem verbunden fühlen; misstrauisch in Beziehungen sein. Angst vor Männern haben; plötzliche und unerklärliche Ver-

haltensveränderungen in jeglichem Bereich von Alpträumen bis zum Diebstahl. Nicht nach Hause wollen; oft verstört von einem Wochenende zurückkommen.

9. Probleme mit dem Erleben von Sexualität; Schwierigkeiten, Liebe oder Zärtlichkeit anzunehmen; häufige Schmerzen während des Geschlechtverkehrs. Sex wird manchmal als die einzige Art und Weise gesehen, um Aufmerksamkeit und Wärme zu bekommen; sexuell verwöhnt oder extrem ausweichend sein.

10. Auffallende gynäkologische Beschwerden oder Verletzungen; Geschlechtskrankheiten: oftmals Entfernung der Gebärmutter vor dem dreißigsten Lebensjahr. (Olde Loohuis, 1994)

Ich möchte nochmals betonen, dass diese Signale häufig auf sexuellen Missbrauch hinweisen, es können jedoch auch andere Störungen oder Traumata zugrunde liegen. Bestimmte Signale können zu einem Verdacht führen; in diesem Fall ist bei den Betreuern Vorsicht und professionelles Vorgehen gefordert.

Peter lebt seit einigen Jahren in einer Behindertenwohngemeinschaft. Am Anfang war es schwierig für die Betreuer, Peters Vertrauen zu gewinnen. Peter ist sehr misstrauisch und hat ein negatives Selbstbild. Auffallend ist, dass er über Frauen herzieht und dabei ordinäre sexuelle Bemerkungen macht. Frauen dürfen ihn auch nicht berühren. Wenn sie ihm zu nahe kommen, nimmt Peter eine aggressive oder abweisende Haltung ein. „Sie müssen die Finger von mir lassen, sonst haue ich ihnen eins auf die Schnauze!" Frauen dürfen nicht mit Peter herumtoben, Männer schon. Mit einem der Betreuer baut Peter auf die Dauer eine Beziehung auf. Das Wort „Vertrauen" trifft es vielleicht noch nicht ganz, aber es ist deutlich, dass Peter sich dank der Zuverlässigkeit seines Betreuers wohl fühlt und nicht mehr so angespannt ist. Nach einigen Jahren erzählt Peter seinem Betreuer, dass er von seinem neunten Lebensjahr an fast jede Nacht von seiner Mutter missbraucht worden ist.

Auch Anna lebt in einem Behindertenwohnheim. Seit einiger Zeit zeigt Anna ein Verhalten, das für ihre Umgebung unverständlich ist.

Was bedeutet ihr Verhalten? Dass Anna ein ziemlich negatives Selbstbild hat und ab und zu sehr bedrückt ist, ist nicht neu, und ihre verkrampften Reaktionen auf Berührungen kennen die Betreuer ebenfalls. Doch jetzt fängt sie an, sich mit Scherben zu zerkratzen, beißt in ihre Arme und droht damit, ihrem Leben ein Ende zu machen. Sie hasst sich selbst.

Nach einem Gefühlsausbruch, bei dem Anna zum ersten Mal private Details über ihre Angehörigen erzählt hat, entsteht bei den Betreuern die Vermutung, dass Anna durch mindestens zwei Angehörige sexuell missbraucht worden ist. Die Betreuer bekommen den Eindruck, dass diese Menschen fast alles, was auf sexuellem Gebiet (un-) denkbar ist, an Anna ausgelebt haben. Eine regelmäßig wiederholte Handlung schien beispielsweise zu sein, einen Weinflaschenhals in ihre Vagina zu stecken.

Anna, die große Angst hat zu versagen und ziemlich unsicher ist, hat in letzter Zeit sich ständig wiederholende Träume. In einem dieser Träume kommt ihr Vater „mit schweren Schritten" die Treppe herauf. „Ich komme dich zudecken", sagt ihr Vater dann.

7.4 Die Betreuung des Opfers

Wenn wir uns oben stehende, keinesfalls übertriebenen Beispiele ansehen, wird uns bewusst, wie wichtig und nützlich es ist, die Signale zu erkennen, die auf sexuellen Missbrauch hinweisen können. Wie oft werden derartige Signale zu Unrecht einer anderen Problematik oder anderen Störungen zugeschrieben?

Ohne zu dramatisieren können wir feststellen, dass Menschen mit einer geistigen Behinderung, die Opfer eines sexuellen Missbrauchs geworden sind, einer speziellen Betreuung bedürfen. Nachfolgend führe ich einige Aspekte der Betreuung auf.

Die erste Reaktion: ruhig bleiben
Wenn uns jemand erzählt (oder wenn es sich herausstellt), dass ein Mensch missbraucht worden ist, sollten wir zuerst einmal ruhig und neutral bleiben. Nicht jedes Opfer reagiert auf die gleiche Art und Wei-

se. Der eine hat viel tiefer und stärker verborgene Gefühle als der andere. Der eine Mensch fühlt sich mehr als Opfer als der andere. Wenn die Betreuerin bzw. der Betreuer die eigenen Gefühle auf die andere Person projiziert, betrachtet er bzw. sie die eigenen Reaktionen als die Art und Weise, wie auf Missbrauch reagiert werden sollte – und redet damit den Betroffenen bestimmte Gefühle ein. Unsere eigene Wut muss jedoch nicht bedeuten, dass das Opfer auch wütend ist. Es geht um die Gefühle und das Erleben des Opfers und wir sollten es bei diesen Gefühlen belassen *(Empathie)*.

Wir müssen das Opfer jedoch ernst nehmen, und zwar so ernst, dass wir keinen Zweifel am Erzählten zeigen dürfen, denn damit könnten wir das eventuell vorhandene Trauma nur noch vergrößern.

Viele Missbrauchsopfer haben Schuldgefühle (ein extrem negatives Selbstgefühl, das sehr tief sitzt). Sie fühlen sich selbst für den Missbrauch verantwortlich und glauben, ihn durch das eigene Verhalten herausgefordert zu haben. Wir sollten den Opfern auf jeden Fall deutlich machen, dass sie sich nicht schuldig fühlen müssen, auch nicht dafür, dass sie etwas Negatives über eine (wichtige) andere Person erzählen *(Loyalitätskonflikt)*. Niemand darf uns berühren, wenn wir das nicht wollen.

Vertrauen schaffen

Sicherheit, Ruhe und Kontinuität in der Betreuung ist für Opfer von sexuellem Missbrauch von äußerster Wichtigkeit. Eine der ersten Voraussetzungen hierfür ist, einen Ort zu kennen, an dem sich das Opfer sicher fühlt. Kontakt mit dem Täter sollte möglichst unterbleiben. Das Opfer muss fühlen, dass es in Schutz genommen wird.

Stellen wir uns einmal vor, es gäbe keinen einzigen Ort auf der Welt, wo wir uns wirklich sicher fühlen können. Unsere Mutter oder unser Betreuer tun Dinge mit uns, die wir nicht verstehen, die uns wehtun und verwirren. Die Menschen, denen wir am meisten vertraut und bei denen wir uns am sichersten gefühlt haben, haben unser Vertrauen missbraucht. Sie tun etwas gegen unseren Willen. Mit ihrem illusorischen Machtgefühl sorgen diese Menschen dafür, dass wir unser Vertrauen in die Außenwelt und damit auch in uns selbst völlig verloren haben. Die

Folge ist ein großes Gefühl der Ohnmacht – die geistige und körperliche Integrität ist zerstört worden. Wie können wir anderen dann noch vertrauen, auch wenn sie es gut mit uns meinen? Das dachten wir ja anfänglich auch von unserer Mutter oder unserem Betreuer.

Das Opfer ernst nehmen
Wenn ein Erzieher oder eine Betreuerin durch Missbrauch das Vertrauen in andere und in uns selbst zerstört, kann es sehr lange dauern, bis einem anderen Betreuer wieder Vertrauen geschenkt wird. Trotzdem ist es eine der wichtigsten Zielsetzungen, Vertrauen aufzubauen (oder: Zuverlässigkeit zu beweisen).

Betreuerinnen und Betreuer können niemals garantieren, dass sich Missbrauch nicht wiederholt, sie können jedoch betonen, dass sie sich bemühen, eine Wiederholung zu verhindern. Die Betreuungsperson kann – sowohl verbal als auch nonverbal – deutlich machen, dass der oder die Betroffene jederzeit mit den eigenen Gefühlen und Gedanken zu ihr kommen kann („Ich bin für dich da"). *Die Gefühle werden immer ernst genommen* (was nicht bedeuten muss, dass wir immer alles glauben). Wie oft wurden die Gefühle der oder des Betroffenen abgestritten? Wie oft wurde ihre oder seine Entscheidung als irrelevant zurückgewiesen und mit Füßen getreten?

Der Betreuer macht deutlich, dass es falsch ist, wenn uns jemand berührt, obwohl wir das nicht wollen, und dass es gut ist, dies dem anderen mitzuteilen, auch wenn der Klient oder die Klientin Angst hat, dass dann wieder etwas Schlimmes geschieht. Das führt uns wieder zum Thema „Sich zur Wehr setzen". Betreuer dürfen helfen, den Klienten selbstsicherer zu machen, sowohl auf sexuellem Gebiet (siehe Abschnitt 6.5.6) als auch im Allgemeinen. Wir dürfen auch *Nein* sagen! Ein Klient muss wissen, dass die Betreuer das sehr zu schätzen wissen.

Wenn der Missbrauch im Schlafzimmer stattgefunden hat, kann es vernünftig sein, dem Opfer ein anderes Schlafzimmer zur Verfügung zu stellen – ein Ort, der nicht direkt mit dem Vergehen in Verbindung gebracht wird.

Apropos Vertrauen: Wir sollten uns auf (nur) eine Vertrauensperson beschränken. Das ist erstens übersichtlicher und außerdem vergrößern wir so die Chance, dass auf Dauer das normale Leben weitergehen kann. Manche Menschen (mit einer geistigen Behinderung) können es nicht lassen, ständig von einem Betreuer zum anderen zu wechseln – so können sie überall ihre Geschichte erzählen und getröstet werden. Das ist die ideale Art und Weise, um Aufmerksamkeit zu bekommen! Damit will ich nichts bagatellisieren, aber das normale Leben muss auch weitergehen. Einfach zu leben und schöne Dinge zu unternehmen kann ein strukturierendes Element sein, das Halt gibt. Wenn der Klient oder die Klientin rund um die Uhr damit beschäftigt ist, seine negativen Erfahrungen aufzudecken, bleibt keine Zeit mehr für das normale Leben.

Ein gesundes Gleichgewicht zwischen Betreuung und dem normalen Tagesprogramm

Auf der einen Seite wollen wir das Missbrauchsopfer ernst nehmen und einen Weg finden, um ihm beizubringen, mit dem Geschehenen umzugehen. Auf der anderen Seite möchten wir gerne, dass sich das Opfer dem normalen Leben wieder öffnet und neue Freude am Leben bekommt.

Wenn wir dem Geschehenen zu viel Aufmerksamkeit schenken, dramatisieren wir die Tat. Das Opfer könnte dadurch stigmatisiert werden und die Aufmerksamkeit genießen. (Wer möchte nicht einmal ungewöhnlich viel Aufmerksamkeit bekommen?)

Gehen wir dem Geschehenen völlig aus dem Weg, dann streiten wir die Gefühle des Betroffenen ab. Es ist eine Kunst, in diesem Spannungsfeld das Gleichgewicht zu finden. Wir wollen sowohl den Gefühlen der Klientin bzw. des Klienten gerecht werden als auch am normalen Leben festhalten. Aus diesem Grunde ist eine Vertrauensperson nützlich, die speziell auf die Gefühle und Gedanken des Klienten eingehen kann – so kann die Aufmerksamkeit dosiert werden.

Die Aufmerksamkeit dosieren

Wir sollten darauf achten, dass wir die Gespräche über das Geschehene und die Offenheit gegenüber Gefühlen kanalisieren.

Johanne ist von einem Betreuer sexuell missbraucht worden. Nachdem dies herausgekommen ist, erhebt sie großen Anspruch auf alle

Betreuer in der Einrichtung. Sie fällt ihnen ständig um den Hals und heult herzzerreißend. Auch hat Johanne die Neigung, provokative sexuelle Ausdrücke zu gebrauchen. Johanne war früher schon ständig auf der Suche nach Aufmerksamkeit. Wenn wir uns nicht klar vor Augen führen, dass ihr die Grenze zwischen ihr und den anderen nicht deutlich ist (sie kann nicht anders reagieren, sie hat es so gelernt und das ist ihre Ohnmacht), würden wir uns nur über sie ärgern. Ihr forderndes Verhalten ist Johannes einzige, allerdings nicht sehr angemessene Art, Aufmerksamkeit zu bekommen, worauf natürlich jeder ein Recht hat. Jetzt, da sie missbraucht worden ist, hat dieses Verhalten noch zugenommen. Im Team wird vereinbart, dass zwei feste Betreuerinnen Johanne trösten und auf ihre Geschichte eingehen. Diese beiden Betreuerinnen haben dafür einen festen Termin (eine halbe Stunde abends nach dem Essen). Tagsüber wird Johanne auf diesen festen Zeitpunkt hingewiesen. Wenn Johanne andere Betreuer um Hilfe bittet, wird sie an die beiden zuständigen Betreuerinnen verwiesen.

Weiterhin schöne Dinge unternehmen
Auf diese Weise gibt es Raum für Kummer, Schmerz und Angst, aber es geht auch das normale Leben weiter. In diesem normalen Leben geschehen – glücklicherweise – auch schöne Dinge, an denen wir beim Wohnen, Arbeiten oder bei der Erholung unseren Wert messen können: wichtige Momente im strukturierenden Tagesprogramm. Damit ist das Opfer nicht nur die Person, die etwas Schreckliches erlebt hat, auch wenn sie es manchmal so wahrnimmt – sie ist mehr als nur ihr Leid. Der oder die Betroffene erhält auch die Möglichkeit, positive und schöne Erfahrungen zu machen, die notwendig sind, um ein (neues) Selbstwertgefühl zu bekommen. Auch körperliche Aktivitäten gehören dazu, zusätzliche Entspannung kann ein positives Erlebnis für das Missbrauchsopfer sein.

Im vorigen Kapitel habe ich im Rahmen der sexuellen Aufklärung mit Nachdruck darauf hingewiesen, wie wichtig es ist, an *einem positiven Körperbild* zu arbeiten. Dieses Körperbild ist nach einem sexuellen Missbrauch in der Regel erst recht negativ. Manche Menschen sehen ihren eigenen Körper nicht mehr als den ihren an, sie hassen, verwunden und beschädigen ihn. Wie schön kann es dann sein, wenn man, vielleicht auch nur sporadisch, Gelegenheit bekommt, (weiterhin) erfreuliche Erfahrungen zu machen, auch auf körperlichem Gebiet. Es tut einem Menschen gut, wenn er neben allem Elend auch irgendetwas genießen kann: zum Beispiel ein Bad nehmen, Sport treiben, zusammen mit der Betreuerin einkaufen gehen, im Sandkasten spielen, laufen, schwimmen, sich schminken (die Umgebung findet unseren Körper und uns als Mensch doch wertvoll) und gesagt bekommen, dass man schön ist – ein begehrenswerter Mensch.

Vorsicht bei Berührungen

Als Betreuer haben wir vielleicht das Bedürfnis, das Missbrauchsopfer zu trösten. Zuneigung, Liebe und Wärme zu schenken ist an und für sich völlig in Ordnung und oft sogar Voraussetzung, damit sich der andere akzeptiert fühlt. Wenn wir jemanden berühren oder umarmen, dann zeigen wir, dass wir für den anderen da sind, dass wir mit ihm fühlen und ihm Sicherheit schenken wollen.

Nicht jedem Opfer von sexuellem Missbrauch ist damit gedient. Die Art, wie jemand auf eine Berührung reagiert, kann schon einen Hilferuf an sich darstellen.

Berührungen können als Bedrohung erfahren werden, als etwas, mit dem man nichts anfangen kann. Das Opfer kann verkrampft auf Berührungen reagieren, sich zurückziehen oder die Berührungen bewusst oder unbewusst als etwas wahrnehmen, das in der Vergangenheit nur zu Schmerzen und Verwirrung geführt hat. Die Betreuer sollten an die Erlebniswelt des Betroffenen anknüpfen und auf seine Gefühle Rücksicht nehmen. Es hängt vom Klienten ab, ob er die Berührung ertragen und annehmen kann.

Einige Missbrauchsopfer wollen uns jedoch ununterbrochen berühren, sie nehmen uns in Beschlag und fordern uns ständig heraus. Wir sollten nicht kontinuierlich darauf eingehen, sondern vorsichtig mit diesem Verhalten umgehen, es manchmal sogar ignorieren und dem Klienten ein alternatives Verhalten anbieten. Selbstverständlich muss die absolute Akzeptanz zentraler Punkt bleiben: Wir müssen uns aktiv in die Erlebniswelt des anderen versetzen und versuchen, auf ihn einzugehen.

Das bedeutet natürlich nicht, dass wir auf jede Bitte um Berührung reagieren müssen. Die Körpersprache erzählt uns eine Geschichte. Das äußere Verhalten ist in der Regel nicht der wirkliche Hilferuf – das, was explizit zu sehen ist, verhüllt etwas Implizites. Mit den ständigen Berührungen, der Inanspruchnahme und in manchen Fällen sogar der völligen Vereinnahmung will uns der oder die Betroffene möglicherweise sagen:

„Hilf mir bitte, die Grenzen zwischen mir und den anderen wieder deutlich(er) zu machen und das Gleichgewicht wiederherzustellen. Hilf mir bitte, so dass ich mich wieder sicher fühlen kann. Wenn ich dieses Gefühl wieder zurückgewonnen habe, möchte ich auch wieder lernen, wie ich meine Grenzen verteidigen kann. Hinter meinen Grenzen befinde ich mich selbst und je mehr ich für mich einstehe, desto besser kann ich diese Grenzen verteidigen und bewachen, desto stärker kann mein eigenes ‚Ich' werden. Hilf mir bitte, meine Grenzen zu verteidigen. Bring mir wieder bei, Entscheidungen zu treffen und stolz auf die getroffenen Entscheidungen zu sein. Danach will ich wieder Vertrauen in meinen eigenen Körper bekommen, mir der Tatsache bewusst werden, dass ich einen eigenen Körper habe (was nach einer traumatischen Erfahrung ziemlich beängstigend sein kann!) und vielleicht sogar meine negativen Erfahrungen verarbeiten. Ich möchte gerne wieder so selbstständig werden wie möglich und auf eigenen Füßen stehen können."

Der oben aufgeführte Hilferuf kann auf Missbrauchsopfer zutreffen, die keine einzige Berührung dulden: Sie sind steif, hölzern und verkrampft. Sie halten großen Abstand zu anderen, dürfen nichts von sich selbst geben und haben Angst, dass sie, wenn sie etwas von sich selbst zeigen, erneut einen Verlust erleiden müssen. Der beschriebene Hilferuf kann sich aber auch auf Missbrauchsopfer beziehen, die überhaupt keine Grenzen in ihrer körperlichen Kommunikation mit dem anderen kennen, die völlig im anderen aufgehen und sich voll und ganz in ihm verlieren.
    Die Grenzen deutlich werden zu lassen könnte eine der Zielsetzungen der psychomotorischen Therapie sein.

Die Betreuung im Plan festlegen
Es wäre wünschenswert, wenn nicht sogar notwendig, die Betreuungsmethode im Betreuungsplan festzulegen. Die Zielsetzung und der Weg, den das Betreuerteam einschlagen muss, um diese zu realisieren, sollten danach regelmäßig überprüft werden.

7.5 Die Behandlung des Opfers

Manchmal kann es sein, dass Betreuung allein nicht ausreicht. Wenn es sich um besonders traumatische Erfahrungen oder um Klientinnen und Klienten handelt, die nur schwer zugänglich sind, kann auch eine Therapie oder Behandlung in Erwägung gezogen werden. Mögliche Behandlungsmethoden sind: Spieltherapie, verhaltenstherapeutische Techniken (klassische und operante Konditionierung), den Umgang mit Ängsten lernen, die Fähigkeit zum Setzen von Grenzen mit dem Goldsteintraining verstärken, Selbstsicherheitstraining und Gentle Teaching.

Auf die psychomotorische Therapie möchte ich hier gerne näher eingehen. Die psychomotorische Therapie kann eine sehr erfolgreiche Möglichkeit sein, um sexuell missbrauchten Menschen mit einer geistigen Behinderung zu helfen, eine traumatische Erfahrung zu verarbeiten. Das körperliche Erleben und die körperliche Kommunikation stehen im Mittelpunkt dieser Therapie; verbale Fähigkeiten sind nicht so sehr gefragt.

Mit Hilfe dieser Therapie können Gefühle wie Schmerz, Wut und Verdruss abreagiert werden. In der Interaktion mit dem Therapeuten können positive körperliche Erfahrungen gemacht werden. Sich seines Körpers bewusst werden, wieder lernen, seinem eigenen Körper zu vertrauen, und erfahren, dass es schön ist, sich mit seinem Körper zu beschäftigen – das sind einige der verheißungsvollen Therapieziele.

Olde Loohuis (1994), die eine ausgezeichnete Diplomarbeit über geeignete Methoden der psychomotorischen Therapie (PMT) zur Behandlung von Menschen mit einer geistigen Behinderung und einem Trauma infolge sexueller Gewalterfahrungen geschrieben hat, vertritt folgende zeitliche Abstufung bei der Behandlung von Menschen mit einer geistigen Behinderung:

„Phase 1: Sicherheitsphase/abwartende Phase
Die Haltung sollte zuerst einmal eine abwartende sein. Der Therapeut sollte erläutern, welche Übungen durchgeführt werden und dass nichts gegen den Willen des Klienten geschehen wird. Der Therapeut sollte, wenn möglich, die Zustimmung des Klienten für die Übungen einholen und sehr deutlich sein. Die Grenzen des Klienten dürfen auf keinen Fall überschritten werden.

Themen der PMT in dieser Phase sind:
➢ Sicherheit
➢ Grenzen
➢ Kompetenz

Phase 2: Verarbeitungsphase/Streitphase
In dieser Phase wird der Therapeut häufig ausgetestet. Verschiedene Themen können behandelt werden, wie z.b. Schuld, Angst, depressive Gefühle, ein negatives Körper- und Selbstbild, unterdrückte Wut und Feindseligkeit, die Unfähigkeit, Vertrauen zu schenken, zerstörte Grenzen und Rollenverwirrung, Pseudo-Erwachsensein, das Unvermögen, Entwicklungsaufgaben zu erfüllen, Selbstbestimmung und Selbstkontrolle.

Themen der PMT in dieser Phase sind:
➢ Grenzen verteidigen
➢ Für sich selbst eintreten
➢ Auf andere zugehen

Phase 3: Regressive Phase/Intimitätsphase
Vor allem für Menschen mit einer schweren oder mäßigen geistigen Behinderung ist es wichtig, auf Grundbedürfnisse, die nicht sexueller Art sind, wie z.b. sich hin und her wiegen, auf dem Schoß sitzen, bewegt werden usw., zurückgreifen zu können. Sanfte Bewegungsaktivitäten sind in dieser Phase einsetzbar. Der Therapeut muss äußerst aufmerksam gegenüber nonverbalen Signalen des Klienten sein. Wenn er auch nur den kleinsten Verdacht hegt, dass der Klient etwas nicht möchte oder als unangenehm empfindet, muss er entsprechend handeln. Von dieser Phase ausgehend kann der Therapeut den Klienten stimulieren, seinem Körper wieder zu vertrauen und sich zu bewegen. Bei Menschen

mit einer leichten oder sehr leichten geistigen Behinderung kann gezielter daran gearbeitet werden, das Vertrauen in den eigenen Körper zurückzugewinnen (Intimitätsphase).

Themen der PMT in dieser Phase sind:
➢ Sich des eigenen Körpers bewusster werden
➢ Körperpflege
➢ Unterstützung bekommen
➢ Verarbeitung von Erfahrungen

Phase 4: Autonomiephase
Die Freude an körperlicher Betätigung und die Erforschung der Grenzen beim körperlichen Kontakt sind die wichtigsten Punkte in dieser Phase, zu der auch das Loslösen vom Therapeuten zählt. Manchmal können zusammen mit dem Therapeuten andere bzw. neue Aktivitäten aufgenommen werden, bei denen der Therapeut anfangs helfen kann. Vielen Klienten wird die Einbettung der eigenen Erfahrungen in die Gruppensituation und ein guter Kontakt zur Gruppenleitung in dieser Phase helfen können.
Themen der PMT in dieser Phase sind:
➢ Selbstständigkeit
➢ Abschied."

Menschen mit einer geistigen Behinderung haben ein sehr unterschiedliches kognitives Niveau. Daher können wir bei einigen auf die Verarbeitung von Erfahrungen eingehen, bei anderen jedoch nicht. Das wird deutlich, wenn wir uns die unterschiedlichen Zielsetzungen bei den verschiedenen Gruppen von Behinderten ansehen. Wichtige Zielsetzungen der PMT bei Menschen mit einer *schweren geistigen Behinderung* (IQ bis etwa 35) sind „Sicherheit, Vertrauen, positive Körpererfahrungen, Verminderung der Anspannung, Vermeiden von angstauslösenden Situationen" (Olde Loohuis, 1994).

Bei Menschen mit einer *mittleren geistigen Behinderung* (IQ 35 bis 50) lauten die Zielsetzungen: „Sicherheit, Vertrauen, Grenzen, Kompetenz, Bewusstwerden des Körpers und Verarbeiten von Erfahrungen" (ebd.). Bei Menschen mit einer *leichten geistigen Behinderung* wird über „Sicherheit, Grenzen, Kompetenz, Bewältigungsmechanismen,

167

Bewusstwerden des Körpers und Akzeptanz, Verarbeitung von Erfahrungen" gesprochen (ebd.).

Insgesamt ist es schön, zu sehen, dass die psychomotorische Therapie für jeden (traumatisierten) Menschen mit einer geistigen Behinderung nützlich sein kann, unabhängig von dessen Niveau.

Während der Therapie ist es ratsam, dass der Therapeut bzw. die Therapeutin und die Betreuer des Klienten/der Klientin regelmäßig Gespräche führen und ihre Gedanken und Erkenntnisse aufeinander abstimmen.

7.6 Besprechung im Team

Wenn sich herausstellt, dass jemand aus der Einrichtung sexuell missbraucht worden ist, weckt dies recht unterschiedliche, meist sehr starke Gefühle bei den Betreuern, insbesondere bei denen, die direkt betroffen sind, da sie häufig sehr emotional mit dem Missbrauchsopfer verbunden sind. Das Opfer bedarf einer noch größeren Aufmerksamkeit und einer speziellen Betreuung, wodurch die Mitarbeiter einer Einrichtung zusätzlich belastet werden können. Wir sollten den Gefühlen, die der Missbrauch hervorgerufen hat, so schnell wie möglich im vollständigen Team Beachtung schenken und uns gegenseitig unterstützen – jeder reagiert auf seine eigene Art und Weise. Für Gefühle muss Raum vorhanden sein, sie müssen und dürfen wiederholt geäußert werden, vor allem kurz nach Bekanntwerden des sexuellen Missbrauchs. Das Leugnen der Gefühle führt zu Verkrampfungen. Wenn der Täter ein Kollege ist, ist die Gefühlsverwirrung manchmal noch komplexer.

„Warum haben wir nichts gesehen?" „Wie konnte ich ihm nur vertrauen?" „Ich bin ziemlich wütend." „Ich bin erschüttert." „Ich dachte, ich würde ihn kennen." „Kann ich meinen Kollegen überhaupt vertrauen?" Vor allem die letzte Frage muss so schnell wie möglich wieder aus den Köpfen verbannt werden, so verständlich sie auch ist. Wir gehen auf einer Vertrauensbasis miteinander um und das muss auch der Ausgangspunkt unserer Arbeit bleiben, unabhängig von der Tatsache, dass Missbrauch niemals vollständig ausgeschlossen werden kann.

Für das Team kann im Grunde genommen die gleiche Feststellung gelten wie für das Missbrauchsopfer: Wir müssen zwischen der Äußerung von Gefühlen und dem normalen Tagesablauf ein gesundes Gleichgewicht finden. Über Gefühle zu reden (eventuell mit einem Außenstehenden) ist eine gesunde Form der Verarbeitung. Daneben sollten wir nüchtern bleiben, das normale Tagesprogramm weiterhin durchführen (nicht ständig auf den Missbrauch eingehen) und uns klar machen, worum uns das Missbrauchsopfer bittet: um Raum für den Schmerz und ein normales Tagesprogramm sowie eine sichere und möglichst vertraute Umgebung und keine Dramatisierungen.

Überreaktion
Es ist völlig normal, wenn wir überreagieren. Alle möglichen Gefühle können auf das Missbrauchsopfer projiziert werden, obwohl diese Gefühle beim Opfer gar nicht unbedingt vorhanden sein müssen. Genauso wenig dürfen wir den Schmerz des Opfers auf uns beziehen – wir sollten einen gesunden Abstand wahren. Eine weitere (mögliche) Überreaktion ist das Gefühl, wenn nicht sogar die feste Überzeugung, dass mehrere Menschen missbraucht worden sind (Mitarbeiterinnen und Mitarbeiter können überempfindlich auf Signale reagieren). Und auch die Mitarbeiter selbst könnten Signale aussenden, die auf einen Missbrauch hindeuten. Wir sollten im Team explizit über unsere Gefühle reden und trotz aller entstandenen Emotionen einen kühlen Kopf bewahren.

Wenn wir mit sexuellem Missbrauch konfrontiert werden, werden wir zugleich auch mit unseren eigenen Normen und Werten, unseren Gefühlen und vielleicht auch mit unseren negativen Erfahrungen konfrontiert. Der eine Betreuer kann diese Konfrontation gut bewältigen, ein anderer hat jedoch große Probleme damit, sodass er nicht empathisch auf die Gefühle der betreffenden Klientin eingehen kann. Das muss er dem Team mitteilen.

Nicht immer ist eine tief greifende Erklärung notwendig – das könnte zu schmerzlich sein.

Es ist ein hohes Gut, die eigenen Grenzen in der Betreuung deutlich zu setzen, vor allem die Grenzen auf dem Gebiet der Sexualität und des sexuellen Missbrauchs (siehe auch Abschnitt 7.8). Stellen Sie sich einmal vor, Sie seien selbst sexuell missbraucht worden – wie würden Sie auf den sexuellen Missbrauch der Ihnen anvertrauten Klienten reagieren?

„Bitte sieh mich nicht!"

Ich hatte ein Treffen mit einem Betreuer von Menschen mit einer geistigen Behinderung – ich will ihn hier Peter nennen. Peter ist zweiunddreißig Jahre alt und nach seinem achtzehnten Lebensjahr bewusst an das andere Ende der Niederlande umgezogen.

„Ich bin von meinem achten bis zu meinem achtzehnten Lebensjahr von meinem Stiefvater sexuell missbraucht worden und habe noch immer Probleme damit. In dieser Zeit hat der Missbrauch mein Leben bestimmt. Ich war unsicher, misstrauisch und in gewissem Sinne auch naiv.

Ich habe jeden Tag in Angst gelebt und war ständig auf der Hut. Wenn ich mit dem Fahrrad von der Schule nach Hause gefahren bin, habe ich mich gefragt: Ob er jetzt zu Hause ist? Zu Hause habe ich mich eingekapselt – ich wollte nicht gesehen werden. Diese Neigung verspüre ich immer noch manchmal: ,Bitte sieh mich nicht.' Ich habe mich fürchterlich geschämt und fühlte mich schuldig. Es ist schon merkwürdig, dass ich mir selbst die Schuld gebe, obwohl ich missbraucht worden bin! Ich fühlte mich schmutzig und wollte auf keinen Fall auffallen. Ich habe meine eigenen Interessen zurückgestellt. In dieser Zeit hat mich niemand wirklich beachtet, was ich auch gar nicht wollte, weil man mir sonst vielleicht Aufmerksamkeit geschenkt hätte.

Mein Stiefvater hat mir gedroht: Wenn ich meiner Mutter etwas davon erzählen würde, dann würde ihre Beziehung in die Brüche gehen. Außerdem würde ich dann kein zusätzliches Taschengeld mehr bekommen. Er hat mich regelrecht bestochen, wodurch mein Schuldgefühl nur noch größer wurde.

Ich kann mich kaum noch an schöne Dinge aus meiner Kindheit erinnern – die sind alle an mir vorbeigegangen.

Nach meinem achtzehnten Lebensjahr habe ich jahrelang in Angst gelebt. Ich habe mich nicht getraut, das Telefon abzunehmen, weil ich Angst hatte, dass mein Stiefvater am Apparat sei. Ich hatte Angst vor meinen eigenen Reaktionen und vor meiner Wut und deren Folgen: ‚Würde ich mich beherrschen können, wenn ich mit ihm konfrontiert würde?' Andererseits hatte ich auch Angst, wieder in diese Abhängigkeit zu verfallen.

‚Hätte ich damals nur gewusst, was ich heute weiß!'
Dank eines Ausbildungsleiters bekam ich mich vor drei Jahren etwas mehr in den Griff. Er war der erste, der zwölf Jahre, nachdem ich das Elternhaus verlassen hatte, imstande war, die Mauer, die ich um mich herum aufgebaut hatte, zu durchbrechen. Er war der Erste nach all dieser Zeit, dem ich meine Geschichte erzählen konnte, der einen deutlichen Zusammenhang zwischen meinem Verhalten/meiner Person und dem Geschehenen sah. Was ich eigentlich schon immer wusste, wurde jetzt in Worte gefasst. Ich war völlig überrumpelt, nach so langer Zeit damit konfrontiert zu werden. Jahre der Angst, der Scham und der Schuldgefühle fanden auf einmal ein Ventil. Indem ich darüber reden konnte und jemanden gefunden hatte, der bedingungslos an mich glaubte, wurde es möglich, das Geschehene zu verarbeiten. Das hat mir eine enorme Erleichterung verschafft!
‚Du musst darüber reden', meinte der Ausbildungsleiter. Er hat mich auch ermutigt, mit meiner Frau darüber zu sprechen. Durch meine großen Schuldgefühle hatte ich mich das bislang noch nicht getraut. Ich bekam schlaflose Nächte, so eine Angst hatte ich davor, es meiner Frau zu erzählen. Sie hat übrigens fantastisch darauf reagiert. Langsam wurde mir auch klar, dass mich keine Schuld traf, dass man mir als Kind etwas angetan hatte. Hätte ich damals nur gewusst, was ich heute weiß.
Die Dinge beim Namen zu nennen half mir, mein Leben wieder in den Griff zu bekommen. Ich befasse mich jetzt nicht mehr so sehr mit meiner Vergangenheit – ich habe gelernt zu überleben. Endlich habe ich das Gefühl, das Leben führen zu können, das ich verdient habe.
In meinem Umgang mit Menschen passe ich gut auf, dass ich ihnen nichts aufzwinge. Ich weiß, wie sich das anfühlt, obwohl ich diesem Gefühl keinen Namen geben kann.

,Wie körperorientiert diese Menschen doch sind!'

Vor sieben Jahren habe ich angefangen, als Betreuer von Menschen mit einer geistigen Behinderung zu arbeiten. Ich war von der Körperorientierung dieser Menschen überwältigt. Manche haben sich einfach so zu mir auf den Schoß gesetzt, mir einen Kuss gegeben oder einen Arm um mich gelegt. Sie kamen mir viel zu nahe! Das hat mich sehr beängstigt. Eine der Bewohnerinnen hatte Epilepsie – epileptische Menschen können wie eine Klette sein. Diese Frau lehnte sich manchmal richtig an mich. Anfangs wusste ich überhaupt nicht, wie ich mich in dieser Situation verhalten sollte. ,Ich zähle bis zehn und dann lasse ich sie los', dachte ich immer.

Doch was konnte ich von diesen Menschen nicht alles lernen! Dank dieser Menschen habe ich mich verändert. Ihre Berührungen haben meistens überhaupt nichts mit Sexualität zu tun, sondern mit Wärme. Sie wollen sagen: ,Ich bin froh', oder ,Schön, dass du da bist'. Es ist ihre natürliche Kommunikation – sie erleben ihre Freude oder ihren Verdruss viel natürlicher. Wir haben als Betreuer die Neigung, dem Verhalten dieser Menschen eine sexuelle Bedeutung beizumessen. Was für ein Unsinn – das ist unsere Interpretation.

Ich fühle mich wohl, wenn diese Menschen mir körperlich nahe kommen, wenn sie mich als Betreuer ohne Hintergedanken berühren. Das ist rein, ehrlich und kein Machtmissbrauch. Diese Erfahrung hat mich viel freier werden lassen.

,Wir zeigen im Kontakt mit Menschen unser eigenes Gesicht'

Wenn in unserer Einrichtung ein Pärchen sexuelle Aufklärung erhalten soll, lehne ich das ab, es bereitet mir noch zu viele Probleme.

Vor einiger Zeit hat mir ein Bewohner gesagt, dass eine Mitbewohnerin verstört sei. Ich ging zu ihr und diese Frau weinte und schrie. Sie machte mir auf ihre Art und Weise deutlich, dass sie von ihrem Onkel sexuell missbraucht worden war. Das war eine riesige Konfrontation für mich. Einerseits wollte ich dieser Bewohnerin gerne helfen, aber andererseits wurden all meine Erinnerungen wieder wach. Ich merkte, dass ich meine eigene Geschichte in die Beziehung mit dieser Frau mitnahm. Ich konnte ihr deutlich machen, dass sie keine Schuld traf. Ich konnte ihr ziemlich ruhig sagen, dass es gut sei, dass sie uns davon erzählt habe. Ich konnte neben ihr stehen und für sie da sein. Endlich bekam ich das Gefühl, dass ich das, was mir zugestoßen war, positiv einsetzen konnte."

Wir sollten uns im Team austauschen, welche Gefühle Missbrauch in uns erweckt. Nicht mit dem Ziel, dass wir alles zur Sprache bringen müssen (wir brauchen keine Therapie), sondern damit wir unseren Gefühlen Rechnung tragen können.

7.7   Die Betreuung der Eltern

„Ein Elternpaar nimmt Kontakt zu einem Elternverein auf. Ihre Tochter ist in einer Behinderteneinrichtung sexuellem Missbrauch zum Opfer gefallen, was diese Eltern natürlich ziemlich belastet hat. Die Aufmerksamkeit der Betreuer richtete sich jedoch nur auf die direkt Betroffenen: das Missbrauchsopfer und den Betreuer. Niemand dachte daran, dass die Eltern sich auch als Opfer fühlen könnten. Niemand schien daran zu denken, dass sie das Bedürfnis haben könnten, eine spezielle Betreuung zu erhalten. Sie wurden kaum am Geschehen beteiligt, es wurde nicht mit ihnen darüber gesprochen und sie erhielten keinerlei Informationen. Sie mussten selbst dafür sorgen, dass sie erfuhren, was wirklich geschehen war und welche Maßnahmen getroffen wurden. Und auch die Eltern der anderen Bewohner dieser Einrichtung, die dieses Mal kein Opfer waren, wurden in der Hektik völlig vergessen" (Ter Haar, 1994a).

Die Eltern von Menschen mit einer geistigen Behinderung können ziemlich schnell ins Vergessen geraten, aber auch sie bedürfen der Nachsorge. Das Vertrauen in eine Einrichtung darf nicht geschädigt werden: Manche Eltern können durch die Geschehnisse ziemlich schockiert sein und mit vielen Fragen zurückbleiben. „Wie konnte das nur geschehen?" „Wie soll es jetzt mit unserem Kind weitergehen?" Bemerkenswert ist, dass die Eltern oft die gleichen Fragen stellen wie die Mitarbeiter einer Einrichtung. Diesen Fragen und Emotionen sollte größte Beachtung geschenkt werden.

Klare Informationen und die Beteiligung am Geschehen sind nach einem sexuellen Missbrauch äußerst wichtig. Zuallererst sollten die direkt betroffenen Eltern zu Hause aufgesucht werden, denn auch bei ihnen werden viele Gefühle geweckt: Ungläubigkeit, Aggression, Wut, Verdruss und Schmerz. Wir sollten diesen Eltern regelmäßig unsere Aufmerksamkeit schenken.

Auch die Verwandten und die Eltern der anderen Bewohnern müssen informiert werden, zum Beispiel im Rahmen eines Elternabends. Bei Eltern und Verwandten ist nach einem solchen Ereignis normalerweise viel Unruhe entstanden. Ein Elternabend gibt den Eltern und Verwandten Gelegenheit ihre Gefühle zu äußern, eine Antwort auf Fragen zu bekommen und darüber in Kenntnis gesetzt zu werden, welche Maßnahmen für die kommende Zeit getroffen worden sind (sowohl in Bezug auf die Betreuung als auch auf die Regeln für die Vorgehensweise in diesen Fällen, siehe auch Abschnitt 7.10). Vielleicht gelingt es auch, ein wenig Verständnis füreinander aufzubringen. Anschließend sollte bei einem weiteren Elternabend oder individuell der ganze Prozess evaluiert und beurteilt werden. Auch dabei sollten wir Offenheit an den Tag legen und nichts unter den Teppich kehren. In Kapitel 8 werde ich nochmals ausführlicher auf die Eltern eingehen.

7.8 Mit seinen eigenen Grenzen und denen anderer umgehen

Im Abschnitt 6.7 habe ich einige Bemerkungen zur „Hilfe bei der Selbstbefriedigung" gemacht. Im Abschnitt 7.6 konnten Sie etwas über den Betreuer Peter lesen, der negative sexuelle Erfahrungen gemacht hatte und daher anfangs Angst und Probleme damit hatte, sich berühren zu lassen. In beiden Fällen geht es um die Frage, wie man Grenzen setzt und mit ihnen umgeht.

Im Umgang mit anderen Menschen ist es wichtig, die eigenen Grenzen zu kennen. Wir müssen sagen können: „Halt, jetzt überschreitest du meine Grenzen. Jetzt tust du mir Gewalt an." In manchen Fällen könnte es auch erforderlich sein, dass wir unsere Grenzen verändern. Außerdem zeugt es von einer kritischen Selbstreflexion, wenn wir wissen, wann wir die Grenzen eines anderen überschreiten. Jeder hat seine eigenen Grenzen. Im Team sollten wir vereinbaren, wo die gemeinsamen Grenzen liegen, wir sollten uns aber auch über unsere individuellen Grenzen austauschen.

Beim Thema sexueller Missbrauch spielt das Überschreiten von Grenzen eine wichtige Rolle im negativen Sinn: Hier wird deutlich eine Grenze überschritten. Eindeutigkeit in Bezug auf die Grenzen und Offenheit im Team können dazu beitragen, sexuellen Missbrauch zu verhindern (ihn wirklich auszuschließen, ist leider unmöglich). Wie oft geraten wir als Betreuer in einen intimen Kontakt mit einem Klienten oder einer Klientin? Denken wir nur einmal daran, dass wir eine Klientin zudecken, ihr beim Waschen oder Duschen helfen, sie eincremen, zusammen mit ihr baden, ihr beim Anziehen helfen usw.

Im Grunde sind das alles sehr schöne Augenblicke, und wenn wir eine gute Beziehung zu unserer Klientin haben, können wir in solchen Momenten unseren Kontakt intensivieren und erweitern. Das können sehr vertrauliche und vertraute Momente sein, die ein gemeinsames Band voraussetzen, das der Entwicklung des anderen zugute kommt. Sich mit einem anderen Menschen vertraut zu fühlen, ist die Basis, um die Welt kennen zu lernen, wie groß oder klein diese Welt auch sein mag.

Bewusst und wohlüberlegt mit Grenzen umgehen
Es wäre schlimm, wenn wir nicht mehr vertraulich miteinander umgehen könnten, nur weil sich ein sexueller Missbrauch ereignen könnte. Diese Überreaktion, die wir bei Betreuern des Öfteren vorfinden, befürworte ich keinesfalls. Im Gegenteil – den körperlichen Kontakt sollten wir unseren Klienten nicht versagen. Aber wir müssen sehr bewusst und verantwortungsvoll damit umgehen, und das erfordert von allen Beteiligten große Offenheit.

Eine offene Haltung aller Beteiligten setzt eine offene Haltung im Hinblick auf das Thema „Sexualität und Beziehungen von Menschen mit einer geistigen Behinderung" voraus. Kenntnisse und Offenheit in Bezug auf dieses Thema stehen in engem Zusammenhang mit einer klaren Grundeinstellung zu Menschen mit einer geistigen Behinderung (Bosch, 2000). Ich plädiere deshalb für völlige Offenheit auf diesem

Gebiet: Offenheit untereinander, den Eltern gegenüber und auf Seiten des Arbeitgebers. Wir sollten dies schriftlich festhalten, dann brauchen wir uns auch für nichts zu schämen. Offenheit ist schließlich Teil unserer professionellen Verantwortung, eine Frage der Qualität.

Ein Bewohner einer Behindertengruppe ist, wie seine Erektion zeigt, immer ziemlich erregt, wenn die Betreuerin in seine Nähe kommt. Die Betreuerin fühlt sich ohnmächtig und hilflos und spricht mit dem Team darüber. Nach Ansicht des Teams ist hier (unbewusst) eine Grenze überschritten worden. Das kognitive Niveau des Bewohners ist hoch genug, um mit ihm über diese Reaktion zu sprechen. Ihm wird erklärt, dass die Betreuerin ein Problem mit seinem Verhalten hat, dass er auf sexuellem Gebiet nichts von ihr erwarten kann und dass hier die Grenze der Betreuerin erreicht wäre. Wenn er erregt sei, dürfe er in sein Zimmer gehen.
Diese Mitteilung wird ihm so neutral wie möglich überbracht, der Bewohner darf nicht das Gefühl bekommen, bestraft zu werden.
„Wie können wir diesem Klienten helfen?", fragt ein Teammitglied. „Was könnten wir mit sexueller Aufklärung erreichen?"

Margit, eine junge Frau mit einer mittleren geistigen Behinderung, erzählt, dass sie in letzter Zeit große Angst hat, vor allem abends im Bett. Sie fragt die Betreuerin (die Nachtwache), ob diese bei ihr im Bett schlafen möchte. Wie soll die Betreuerin reagieren?
In diesem Fall ist es wichtig, die Bedeutung des Verhaltens zu verstehen. Ist die Angst der wirkliche Grund? Wenn ja, müssen wir zunächst einmal die Ursache der Angst herausfinden und versuchen, daran etwas zu ändern (unsere Vorgehensweise nach der Hypothese ausrichten). Aber wenn das nicht hilft, was dann? Soll die Betreuerin sich dann doch zu der Bewohnerin ins Bett legen? Es gibt zwei Möglichkeiten. Erstens: Die Betreuerin legt sich nicht zur Klientin ins Bett, weil die Vorschriften dies verbieten. Zweitens: Die Betreuerin legt sich zur Klientin ins Bett, weil sie findet, dass Ausnahmen die Regel bestätigen. Voraussetzung hierfür ist natürlich, dass die betreffende Betreuerin das auch wirklich möchte, und es sollte schriftlich festgehalten werden. Wir sollten mit offenen Karten spielen!

In der Sonderschule befühlt ein Schüler ständig die Brüste seiner Lehrerin. Diesem Verhalten werden deutliche Grenzen gesetzt und es wird nach der Ursache geforscht. Braucht dieser Schüler sexuelle Aufklärung?

In einem kleinen Behindertenwohnheim bittet ein Bewohner die Betreuerin, ihm unter der Dusche den Rücken zu waschen. Die Betreuerin weiß, dass dieser Bewohner das sehr gut alleine kann. „Nein Jan, das mache ich nicht. Ich erzähle dir nachher, warum. Kommst du nach dem Duschen kurz zu mir?“

Die Betreuerin weist Jan nicht zurück. Sie versucht stattdessen, andere private Momente mit ihm zu teilen (zusammen Einkäufe machen, fernsehen, etwas herumtoben), und sie erklärt Jan deutlich, dass sich so etwas nicht gehört. „Das machst du nur mit jemandem, mit dem du eine feste Beziehung hast“, sagt sie. „Was ist eine feste Beziehung?“, fragt Jan.

In der Einrichtung wäscht Eduard, der Betreuer, Marianne den Rücken. Marianne schmeichelt sich so richtig bei Eduard ein und schmiegt sich an ihn – sie ist deutlich erregt. Das lässt Eduard nicht kalt, sondern erregt auch ihn. Er findet Marianne schön. Ein Kollege bemerkt das: Wie geht Eduard mit seinen Gefühlen um und was macht der Kollege mit seinem Wissen, das ihn etwas in Verlegenheit bringt?

Die Grenze zwischen Funktion und Gefühl
In den oben angeführten Beispielen geht es immer wieder um die Grenze zwischen unserer beruflichen Funktion und unseren Gefühlen. Die Grenze sollte deutlich sein, dafür sind regelmäßige Gespräche, Teambesprechungen und Offenheit erforderlich. Bei intimen Handlungen zwischen Klienten und Betreuern werden schon mal erotische Gefühle bei den Klienten erweckt und das ist ganz normal – auch diesen Menschen ist nichts Menschliches fremd. Manchmal werden jedoch auch erotische Gefühle bei den Betreuern oder Betreuerinnen erweckt. Wie meine Gespräche in Einrichtungen gezeigt haben, können (oder wollen)

die Betreuer sich das nicht vorstellen, und dennoch ist es so. Auch ihnen ist nichts Menschliches fremd. Wir sollten diesem Thema daher in Teambesprechungen große Aufmerksamkeit schenken.

Als Betreuer tun wir unsere Arbeit, und in dieser Funktion sind bestimmte Handlungen mit Klienten verboten, auch wenn gewisse intime Situationen unerwünschte Gefühle in uns wecken können. Diese Gefühle sind völlig normal, denn wir sind ja nicht aus Stein, sondern auch nur Menschen. Wir zeigen jedoch, dass wir wirkliche Profis sind, wenn wir zu unseren Gefühlen stehen und uns beherrschen können. So verwandelt sich Schwäche in Stärke und Ohnmacht in Macht!

Es ist zum Beispiel verboten, mit einem Klienten zu schlafen und sexuelle Handlungen am eigenen Körper vorzunehmen. Das Gleiche gilt auch für den umgekehrten Fall, auch wenn der Klient oder die Klientin scheinbar noch so darum bittet.

Norma liegt in letzter Zeit ziemlich aufreizend mit weit gespreizten Beinen auf ihrem Bett, wenn der Betreuer sie zudecken kommt. Norma ist sexuell missbraucht worden.

Die Diskussion wird schwieriger, wenn es zum Beispiel um die Unterstützung bei der Selbstbefriedigung geht oder ein Klient uns bittet, ihm beim Überstreifen des Kondoms zu helfen (weil Aufklärungsmaterial einschließlich Kunstpenis nicht zielführend waren). Dann kann die Grenze zwischen Funktion und Gefühl nur schwer gezogen werden. Ein Grund mehr, miteinander in aller Offenheit darüber zu reden und eine Vorgehensweise festzulegen. Voraussetzung dafür ist eine offene Einrichtung und eine offene Atmosphäre.

Ist das Team verschlossen oder offen?
In einigen Teams ist es die normalste Sache der Welt, über das alles zu reden, in anderen Teams will es einfach nicht gelingen. In diesem Fall könnte ein Außenstehender seine Hilfe anbieten, um eine Veränderung der Betreuungskultur zu erzielen. Derartige Gespräche müssen regelmäßig stattfinden, vor allem auch deshalb, weil sich die Zusammenstellung der Teams zur Betreuung von Menschen mit einer geistigen Behinderung recht häufig ändert.

In diversen Einrichtungen besteht eine große Kluft zwischen der beschlossenen Vorgehensweise und ihrer Durchführung. Manchmal ist die offizielle Vorgehensweise den Mitarbeitern einer Einrichtung nicht einmal bekannt! Deshalb sollte darüber regelmäßig diskutiert werden. In den folgenden beiden Abschnitten werde ich noch einmal kurz darauf zurückkommen.

7.9 Die Bedeutsamkeit einer guten Aufklärung

Im sechsten Kapitel habe ich das Thema „sexuelle Aufklärung" behandelt. Dabei hat sich gezeigt, dass sexuelle Aufklärung ein sehr weites Feld ist und viel mehr als nur die technische Erläuterung irgendwelcher genitaler oder oraler Handlungen. Hierzu gehören auch die Entwicklung eines positiven Körperbildes, die Fähigkeit, Grenzen zu setzen und „Nein" sagen zu dürfen, das Wissen darum, was Sexualität sein kann und was erlaubt ist und was nicht. Auch Menschen mit einer geistigen Behinderung können mit diesem Wissen ausgerüstet werden – der eine mehr und die andere weniger. Bei diesen Menschen ist wegen ihrer Abhängigkeit die Ausstattung mit all diesen Kenntnissen und Fähigkeiten noch viel wichtiger als bei Menschen ohne geistige Behinderung. Das leuchtet schnell ein, wenn wir an das Thema „sexueller Missbrauch" denken (Stichwort *„das ideale Opfer"*).

Hinsichtlich der Vermittlung dieses Wissens sind Menschen mit einer geistigen Behinderung von uns abhängig – ihre Emanzipationsmöglichkeiten stehen oder fallen mit unserer Grundhaltung. *Achten wir auf Offenheit? Zeigen wir etwas von uns selbst?* Es ist einfach, das zu unterlassen, dann sind wir jedoch nicht professionell und verantwortungsvoll tätig. Klären wir diese Menschen adäquat auf? Wenn wir ihnen ermöglichen wollen, sich auf sexuellem Gebiet ihren Möglichkeiten entsprechend zu entwickeln, sind wir verpflichtet, ihnen sexuelle Aufklärung zu erteilen. Eine gute Aufklärung wirkt präventiv.

Ich möchte hier einige Punkte nennen, die das Risiko sexuellen Missbrauchs verringern können:
1. Offenheit in Bezug auf die Sexualität und die Beziehungen von Menschen mit einer geistigen Behinderung.

2. Offenheit gegenüber den Klienten: eine gute Aufklärung.
3. Die Fähigkeit der Klienten vergrößern, sich zur Wehr zu setzen: im Allgemeinen und im Besonderen auf dem Gebiet der Sexualität, Intimität und Körperlichkeit.
4. Offenheit gegenüber den Mitarbeitern einer Organisation.
5. Offenheit in der individuellen Berichterstattung (Vorgehensweise).
6. Das Wissen über die Signale, die auf sexuellen Missbrauch hinweisen können, vergrößern.
7. Frühzeitige Wahrnehmung und Meldung von sexuellem Missbrauch (siehe Abschnitt 7.10).
8. Diese Themen bei Vorstellungsgesprächen zur Sprache bringen.
9. Körperlichen/intimen Situationen, die sich in der Beziehung Betreuer – Klient ergeben können, Aufmerksamkeit schenken (auf Grenzen achten).
10. Menschen mit einer geistigen Behinderung ernst nehmen.
11. Die Vorgehensweise auf dem Gebiet der Sexualität und Beziehungen und auf dem Gebiet des sexuellen Missbrauch festlegen (siehe Abschnitt 7.10).

Meiner Meinung nach tragen die Leiter von Einrichtungen eine ziemlich große Verantwortung, wenn sie einen Rahmen vorgeben, der geeignet ist, die Aufdeckung von sexuellem Missbrauch zu optimieren und ihm sogar vorbeugen kann.

Van Berlo (1995) schreibt über das Niveau von Einrichtungen: „Alles in allem sollte man als Einrichtung für sexuelle Aufklärung und für eine klare Vorgehensweise im Hinblick auf Sexualität und sexuellen Missbrauch sorgen müssen, die von allen Abteilungen akzeptiert wird und die ein fachkundiges Urteil in Bezug auf die Signale des sexuellen Missbrauchs fördert. In den Teams müssen Sexualität und sexueller Missbrauch ein enttabuisiertes Gesprächsthema sein, dort muss diese ‚Grauzone‘ zur Diskussion stehen und es muss über grenzenüberschreitendes Verhalten gesprochen werden." Mit „Grauzone" ist das Gebiet gemeint, das wir betreten, wenn wir in die Intimsphäre einer Person geraten (siehe Abschnitt 7.8). Es handelt sich dabei um Momente, in denen sich ein körperlicher und erwünschter Kontakt (und diese Momente sollten wir bitte immer wieder betonen und ihnen nicht aus dem Wege gehen) sich bewusst oder unbewusst in einen sexuellen Kontakt umwandeln kann. Das müssen wir verhindern, indem wir auf Offenheit achten.

Durch Offenheit sind wir imstande, uns normal zu verhalten. „Können wir noch entspannt und vertraulich miteinander umgehen? Natürlich – wir müssen nur deutlich und offen sein, festlegen, was erlaubt ist und was nicht, heikle Situationen miteinander besprechen und nichts verschweigen. Wenn wir uns eingestehen, dass uns bestimmte Gefühle nicht fremd sind, zeigen wir unsere Kontrolle. Ohnmacht zeigen ist Macht! Wir müssen offene Gespräche führen und gemeinsam einen Weg suchen: Offenheit bedeutet Qualität. Wenn wir nicht miteinander reden, vergrößern wir die Möglichkeit des sexuellen Missbrauchs. Wir müssen professionell tätig sein!“ (Bosch, 1996)

Diese Professionalität ist zu einem großen Teil von der Förderung unserer Sachkenntnisse abhängig, deshalb sollte daran viel mehr gearbeitet werden. Van Berlo (1995) zieht anlässlich ihrer Untersuchung folgende Schlussfolgerung: „In stationären Einrichtungen wird im Vergleich zu anderen Einrichtungen viel weniger daran gearbeitet, auf professionelle Art und Weise Signale erkennen und beim Verdacht auf Missbrauch adäquat handeln zu können, obwohl die meisten Befragten dieses Bedürfnis haben. In der Ausbildung der Betreuer wird den Themen Sexualität von Menschen mit einer geistigen Behinderung und sexueller Missbrauch nur wenig Aufmerksamkeit gewidmet.“ Aus diesem Zitat geht meiner Meinung nach eine Verantwortlichkeit hervor, die Organisationen sowie Bildungs- und Lehranstalten aufgreifen sollten.

7.10 Die Bedeutsamkeit einer eindeutigen Verfahrensanweisung

Eine Verfahrensanweisung, d.h. eine festgelegte, offizielle Vorgehensweise einer Einrichtung im Hinblick auf sexuellen Missbrauch, stellt ein Qualitätsinstrument dar, vorausgesetzt, sie ist allen Mitarbeitern einer Organisation bekannt und wird auch eingesetzt.

Die Grundeinstellung zur Sexualität und die eindeutige Verfahrensanweisung stehen in enger Beziehung zueinander. Die Grundeinstellung ist in diesem Buch bereits zur Sprache gekommen. „Erst wenn Menschen mit einer geistigen Behinderung über die Existenz der Sexualität im Bilde sind und darüber (verbal oder nonverbal) kommunizieren können, können sie sexuellen Missbrauch erkennen und manchmal vielleicht sogar auch abwehren" (Van Kooten Niekerk, 1991). In einer Verfahrensanweisung wird Schritt für Schritt angegeben, wie bei einem (Verdacht auf) sexuellen Missbrauch vorgegangen werden soll: Wer welche Schritte einleitet, warum und wie die Verantwortlichkeiten geregelt sind. Für die Erstellung einer Verfahrensanweisung möchte ich mit Nachdruck auf „Unerhört" („Ongehoord_, 1991) von Van Kooten Niekerk verweisen. Jede Organisation kann von einer solchen Verfahrensanweisung profitieren.

An dieser Stelle möchte ich jedoch nicht weiter auf dieses Thema eingehen, da es einen zu großen Umfang einnehmen würde – daher mein Verweis.

Mit einer Verfahrensanweisung wird den Bedürfnissen der Klienten und der Mitarbeiter entsprochen. Die Betreuer wissen, was sie zu tun haben, wenn sie einen bestimmten Verdacht haben, und fühlen sich durch eine eindeutige Vorgehensweise unterstützt. Ein bestimmter Verdacht einem Kollegen oder einer Kollegin gegenüber kann lähmend sein und große Gewissensqualen hervorrufen. Mit Hilfe einer Verfahrensanweisung wird es aber möglich, eine Vorgehensweise als unprofessionell zu qualifizieren, z.B. wenn der bestimmte Verdacht nicht zur Sprache gebracht wird.

In einer Verfahrensanweisung kann z.B. unter anderem beschrieben werden: die Grundeinstellung zur Sexualität der Zielgruppe, die Vorgehensweise bei (einem Verdacht auf) sexuellen Missbrauch, der Umgang mit dem Missbrauchsopfer, dem Täter, der Familie, der Polizei, den Familienangehörigen, ein Stufenplan usw.

Eine derartige Verfahrensanweisung kann präventiv wirken – potentielle zukünftige Täter können so von der Durchführung ihres Vorhabens abgehalten werden. Offenheit hält uns wach und regelmäßige

Besprechungen der Verfahrensanweisung (auch mit neuen Mitarbeitern) sorgen dafür, dass alle wachsam bleiben.

7.11 Anregungen zur Diskussion und Aufgaben

1. Einer Ihrer Kollegen ist der Meinung, dass sexueller Missbrauch mit Sexualität zu tun hat. Eine andere Kollegin vertritt die Meinung, dass Sexualität dabei keine Rolle spielt, sondern dass es sich hier um die Ausübung von Macht und Ohnmacht handelt. Spielen Sie diese Diskussion vor den Gruppenteilnehmern und evaluieren Sie anschließend das Gespräch.

2. Stellen Sie sich vor, Sie und die Teilnehmer Ihrer Gruppe seien Kollegen in einer Einrichtung (Schule, Tagesstätte, Behindertenwohngemeinschaft etc). Sie sind gemeinsam für eine Gruppe junger Menschen mit einer geistigen Behinderung verantwortlich. Die Gruppe ist bislang noch nicht sexuell aufgeklärt worden. Legen Sie innerhalb einer Viertelstunde fest, wie Sie in Zukunft mit diesem Thema umgehen wollen.

3. Es findet ein Elternabend statt. Erläutern Sie den Eltern und Angehörigen den Zusammenhang zwischen sexueller Aufklärung und sexuellem Missbrauch, so wie ihn die Mitarbeiter Ihrer Organisation sehen.

4. Welche Signale für sexuellen Missbrauch kennen Sie?

5. Sie bilden zusammen ein Team. Versuchen Sie deutlich zu machen, wo Ihre Grenzen im Umgang mit den Ihnen anvertrauten Menschen liegen (könnten).

6. Eine These: Meine Grenze zwischen Funktion und Gefühl ist ganz eindeutig. Nehmen Sie dazu Stellung.

8. Die Begegnung zwischen Betreuern und Eltern

8.1 Einführung

Die Betreuer und die Eltern der Klienten sind voneinander abhängig – so unterschiedlich die jeweiligen Menschen und Situationen auch sein mögen. Die Begegnung zwischen Eltern und Betreuern, wie sie miteinander umgehen, wirkt sich immer auch auf das Wohlbefinden der Klienten aus – und auch die Bereiche Sexualität und Beziehungen sind hiervon nicht ausgenommen. Aber wie begegnen Eltern und Betreuer einander überhaupt? Kennen sie ihre jeweiligen Standpunkte oder gehen sie den heiklen Themen lieber aus dem Weg (ganz nach dem Motto: Was ich nicht weiß, macht mich nicht heiß!)?

Im Abschnitt 8.2 beschreibe ich einige Aspekte der Bilder, die sich die Eltern von den Betreuern – und umgekehrt – machen. Im Abschnitt 8.3 gehe ich dann auf die Beziehungen zwischen den Eltern und Betreuern ein, auf ihre Verantwortlichkeiten, das Elterngefühl und die möglicherweise unterschiedlichen Normen und Werte. Abschnitt 8.4 beschreibt die Bedeutsamkeit einer angemessenen Kommunikation, und Abschnitt 8.5 beschließt das Kapitel mit einigen Anregungen zur Diskussion und möglichen Aufgaben.

8.2 Sich ein Bild machen

8.2.1 Das Bild der Betreuer von den Eltern

Diese Darstellung beruht nicht auf systematischen Untersuchungen, sondern auf meinen eigenen Erfahrungen sowie auf Berichten Dritter.

Betreuer seufzen manchmal: „Was würden die Eltern dazu sagen?" Prallen die Meinungen bei Themen wie der sexuellen Aufklärung und der Betreuung einer Beziehung (auch auf sexuellem Gebiet) nicht häufig aufeinander? Eltern wird oft eine gewisse Zurückhaltung beim gedanklichen Austausch über ein Thema wie Sexualität und Beziehungen unterstellt – vor allem, wenn auf emanzipatorische Art und Weise vorgegangen werden soll. Eltern würden stets mit einer gewissen Scheu über die Gefühle ihres Kindes reden, von ihren eigenen Gefühlen ganz zu schweigen. Eltern hätten Angst, schlafende Hunde zu wecken. Mit den Eltern könne man nur schwer über ein Thema wie Sexualität und Beziehungen reden, sie seien altmodisch.

Die Eltern von Henry wurden eingeladen, über den Betreuungsplan ihres Sohnes zu sprechen. Henry ist achtzehn Jahre alt und lebt in einer dezentralen Wohneinheit in einer Dorfgemeinschaft. Betreuer Otto sieht dem Gespräch mit Furcht entgegen. Sein Team ist der Ansicht, dass unter anderem über Henrys Masturbationsverhalten gesprochen werden sollte sowie über die Absicht des Teams, Henry dabei zu betreuen. Das Team möchte gerne wissen, wie die Eltern darüber denken. Otto behauptet, dass sie sich widersetzen werden, weil sie sehr streng katholisch sind und davon nichts wissen wollen. Er ist überzeugt, dass es Probleme geben wird.
Otto und der Heilpädagoge sitzen einander gegenüber. Zwischen ihnen sitzen auf der einen Seite Henrys Eltern, auf der anderen Seite der Leiter der Wohneinheit. Der Leiter erteilt dem Heilpädagogen das Wort. „Henry entwickelt sich in letzter Zeit ziemlich schnell", beginnt dieser. „Er macht gute Fortschritte, auch auf sexuellem Gebiet." Vorsichtig blickt er zu Otto hinüber, der das Gespräch gespannt verfolgt. „Wir haben bemerkt, dass Henry sich in letzter Zeit selbst befriedigt: unter der Dusche, im Bett, aber auch im Wohnzimmer, wenn andere Bewohner anwesend sind." Otto schaut beschämt weg. „Was für ein Zufall", unterbricht Henrys Mutter. „Noch vorige Woche habe ich zu meinem Mann gesagt, dass Henry jetzt auch masturbiert und dass er also doch ein gesunder Junge ist", sagt sie mit triumphierender Stimme. Der Heilpädagoge und der Betreuer tauschen schweigend Blicke aus, der Betreuer scheint am liebsten im Erdboden versinken zu wollen.

Eltern sind nicht gleich Eltern; ihre Auffassungen und Normen können sehr stark voneinander abweichen. Die eine Elterngruppe will nichts von den möglichen sexuellen Gefühlen ihres Kindes wissen, während eine andere Gruppe froh ist, wenn die Betreuer das Thema offen anschneiden. Viele Eltern empfinden es als angenehm – so ist meine Erfahrung –, wenn die Einrichtung eine klare Vorgehensweise im Hinblick auf Sexualität und Beziehungen vorgeben kann. Meistens ist es jedoch nicht so einfach, das Thema anzuschneiden, weil dabei auch die Haltung der Mitarbeiter der Organisation eine große Rolle spielt. Eltern haben zudem bemerkenswert unterschiedliche Auffassungen über das Sexualitätserleben ihrer Kinder.

Walter, fünfunddreißig Jahre alt, lebt in einem kleinen Behindertenwohnheim, ist leicht geistig behindert und schwul. Zu seinem großen Unglück gelingt es ihm nicht, einen Freund zu finden, auch nicht mit Hilfe seiner Betreuerin. Seine Neugier darauf, wie es wohl ist, „mal mit jemandem zu schlafen", wird immer größer. Eines Tages fragt sein Vater die Betreuerin, ob es bei der Stiftung für alternative Partnervermittlung (vgl. Kap. 6.10) auch männliche Prostituierte gibt. Er fände es toll, wenn sein Sohn diese Erfahrung machen könnte, dann bliebe es nicht nur bei der Fantasie. Die Betreuerin ist angesichts dieser Frage überrascht und verlegen. Bei der Stiftung scheinen tatsächlich männliche Prostituierte zu arbeiten. Nach einem Vorgespräch kümmern sich die Betreuerin und Walter um eine Verabredung.

Auch Meike und Jan-Wilhelm leben in einem kleinen Behindertenwohnheim. Sie sind circa dreißig Jahre alt und haben eine leichte bis mittlere geistige Behinderung. Die Betreuer bemerken, dass die beiden mehr als freundschaftliche Gefühle füreinander hegen. Sie treffen sich in ihren Wohn-/Schlafzimmern und kuscheln miteinander. Die Betreuer wollen herausfinden, inwieweit eine Aufklärung über Freundschaft, Beziehungen, Miteinanderschlafen usw. (siehe Kapitel 6) angebracht wäre. Auch die Eltern der beiden werden informiert, und die Eltern von Jan-Wilhelm stimmen einer Aufklärung zu.

Meikes Eltern sind jedoch überhaupt nicht einverstanden. Sie können sich nicht vorstellen, dass Jan-Wilhelm bei ihrer Tochter sexuelle Gefühle weckt, und lehnen die Pille aufs Entschiedenste ab – es kommt zu einer Pattsituation. Da das Team nicht dafür garantieren kann, dass eine Schwangerschaft ausgeschlossen ist, verlangt die Mutter, dass Jan-Wilhelm und Meike voneinander getrennt gehalten werden. Für das Team stellt sich die Frage, wer hier der Klient ist, und ob die Eltern überhaupt über alles informiert werden müssen. „Ich brauche zur Gestaltung meines Sexuallebens doch auch nicht die Zustimmung meiner Eltern. Die wissen doch auch nicht alles von mir", sagt ein Betreuer. „Inwiefern können wir hier überhaupt noch von einem privaten Bereich sprechen?" „Ja, aber du bist ja auch nicht geistig behindert", antwortet ein anderer. „Eltern von Menschen mit einer geistigen Behinderung bleiben durch die Abhängigkeit ihres Kindes ihr ganzes Leben auf eine bestimmte Art verantwortlich. Wir wissen jetzt so einiges über die sexuellen Gefühle von Meike und Jan-Wilhelm, aber was würden ihre Eltern denken, wenn sie wüssten, wie sehr wir uns um die Intimsphäre ihrer Kinder kümmern?" Die Betreuer finden keine Lösung und schalten ihre Vorgesetzten ein. Gemeinsam wird versucht, die Hintergründe für das Verhalten von Meikes Eltern herauszufinden. Ziel ist es, allen Parteien gerecht zu werden, vor allem aber Meike und Jan-Wilhelm.

Es gibt Eltern, die über alle Entwicklungen, auch auf dem Gebiet der Sexualität und der Beziehungen, unterrichtet werden wollen. Andere Eltern wollen wiederum nichts darüber wissen: „Darüber weiß ich von meinen anderen Kindern auch nichts, diese Verantwortung überlasse ich Ihnen völlig. Wenn Sie nicht mehr weiterwissen, können Sie mich aber gern zu Rate ziehen." Nicht alle Menschen sind gleich – auch nicht alle Eltern.

8.2.2 Das Bild der Eltern von den Betreuern

Eltern äußern manchmal den Gedanken, dass die Betreuer noch so jung seien, so wenig in ihrem Leben mitgemacht hätten (im Vergleich zu ihren eigenen Erfahrungen), sie auf dem Gebiet der Sexualität und der Beziehungen sehr großzügig handelten und auch noch für das Wohlbefinden ihres Kindes verantwortlich seien. Und solch einer Personen müssten sie ihr Kind überlassen!

Im Grunde genommen sind die Eltern auch von der Einstellung der Betreuer zu ihrem Kind abhängig. Sie fragen sich: „Wird mein Kind gut behandelt? Fühlt sich mein Kind bei diesem Betreuer sicher und geborgen? Kann dieser Betreuer ein sicherer Hafen für mein Kind sein? Wenn ich positive Kritik äußere, wirkt sich das dann auf das Wohlbefinden meines Kindes aus?" Manche Eltern erfahren diese Abhängigkeit als lästig, wenn nicht sogar bedrückend.

Oft ist es so, dass gerade dann, wenn die Eltern den Betreuer ihres Kindes endlich kennen gelernt haben und eine Vertrauensbasis entstanden ist, dieser Betreuer die Einrichtung schon wieder verlässt. Ist dies der Fall, müssen die Eltern wieder einmal abwarten, wer jetzt für ihre Tochter oder ihren Sohn sorgen wird. In diesem Sinne sind Betreuer nicht treu, obwohl sie oft verkünden, mit Hilfe von Kontinuität der Beziehung zum Kind gerecht werden zu wollen. Und wie denkt der Betreuer über Sexualität? Kann er Verständnis für die Position der Eltern aufbringen oder muss alles erlaubt werden? Ist er ein progressiver Mensch, der den Eltern verdeutlicht, wie sie ihr Kind, das sie mit großer Mühe losgelassen haben, sexuell einschätzen und betreuen müssen?

Nicht alle Betreuer sind gleich, auch ihre Auffassungen und Normen variieren. Der eine Betreuer betont, wie wichtig es ist, auf sexuellem Gebiet so offen wie möglich zu sein, was mit einer klaren sexuellen Aufklärung und Gestaltung beginnt *(offene Haltung; Vorbild sein)*. Eine andere Betreuerin schweigt hingegen zu dem Thema, wenn die Einrichtung keine deutliche Vorgehensweise vorschreibt und umsetzt.

8.3   Die Beziehung Eltern – Betreuer

Eltern von Menschen mit einer geistigen Behinderung fühlen sich ihr Leben lang – der eine mehr, die andere weniger – für das Wohlbefinden ihres Kindes verantwortlich. Ihr Kind kann, ungeachtet seiner Möglichkeiten, nicht (völlig) auf eigenen Füßen stehen und wird nicht (völlig) selbstständig; die Verantwortlichkeit der Eltern bleibt bestehen. Eltern sind in der Beziehung mit ihrem Kind in der Regel am treuesten. Im vorhergehenden Abschnitt habe ich dagegen die – nicht wörtlich gemeinte – Untreue der Betreuer angesprochen. Eltern müssen diese Untreue oft mit Bedauern hinnehmen. „Eltern haben schon zig Menschen kommen und gehen sehen, es dauert immer länger, bevor wieder neues Vertrauen aufgebaut ist" (Lastige ouders bestaan niet, 1994).

Wissen Betreuerinnen und Betreuer überhaupt, wie es sich anfühlt, Eltern zu sein? Wissen sie, wie es ist, ein Kind zu haben? Meine Frau hat früher ein paar Jahre mit kleinen Kindern mit einer geistigen Behinderung gearbeitet. „Ich kann mir kaum vorstellen, dass ich später meine eigenen Kinder, falls wir Kinder bekommen sollten, mehr lieben werde als diese Kinder", sagte sie damals. Wir sind, zu unserer großen Freude, inzwischen Eltern dreier Kinder. „Es ist doch anders", sagt meine Frau heute. „Das hier sind meine eigenen Kinder und das ist ein ganz anderes Gefühl, auch wenn ich die anderen Kinder sehr lieb gehabt habe." Das Elterngefühl ist eben doch etwas ganz Besonderes.

Kennen die Betreuer diese Gefühle der Eltern? Wissen sie, was die Geburt eines Kindes mit einer geistigen Behinderung für die Eltern bedeutet? „Eltern, die ein geistig behindertes Kind zur Welt gebracht haben, müssen sich von dem Bild lösen, das sie sich von sich selbst und von ihrer Familie gemacht haben. Sie müssen lernen, mit einem Verlust zu leben; nämlich mit einem Kind, das ihren Erwartungen und den Normen der Gesellschaft nicht entspricht. Eine gestorbene Erwartung" (Van Hattum, 1986). Van Hattum vergleicht das Lernen, mit diesem Verlust zu leben, mit einem Trauerprozess. Vor kurzem sagte eine Mutter über den Moment, in dem ihr klar wurde, dass ihr Kind geistig behindert war: „Ich beerdige ein gesundes Kind." Viele Eltern tragen derartige Gefühle mit sich herum. Der Schmerz, die Enttäuschung, der Verdruss und die Verleugnung können regelmäßig wieder auftauchen, auch wenn das Kind schon älter ist: bei wichtigen Ereignissen und bei heiklen Themen wie dem Erleben der Sexualität.

Eltern und Betreuer haben unterschiedliche Beziehungen zum Kind. Eltern haben oft mit viel Schmerz und Mühe eine enttäuschte Erwartung verarbeiten müssen, ihre Vergangenheit ist zum Teil mit großen

Schmerzen verbunden. Diese Vergangenheit löscht man nicht so einfach aus. Manche Eltern können die enttäuschten Erwartungen gut verarbeiten und sich auf die Möglichkeiten und Unmöglichkeiten ihres Kindes einstellen: Sie haben ihren Frieden mit der Situation gemacht und freuen sich über ihr Kind. Ein Elternpaar äußerte sich so: „Ich glaube nicht, dass es möglich ist, als Eltern wirklich zu akzeptieren, dass das eigene Kind eine Behinderung hat. Wir lernen mit dieser Behinderung zu leben und das gelingt uns immer besser. Aber ein Kind mit einer Behinderung bleibt für uns eine Quelle der Sorge und eine existentielle Enttäuschung" (Ten Berge, 1994). Einige Eltern genießen das Leben mit ihrem Kind, manche Eltern aber können die enttäuschten Erwartungen kaum oder überhaupt nicht verarbeiten.

Betreuer kennen diese durchlebte und regelmäßig wiederkehrende Vergangenheit (oft) nicht – geschweige denn, dass sie diese nachempfinden können. Sie blicken – manchmal gemeinsam mit den Eltern – erwartungsvoll in die Zukunft. Wie können wir mit diesem Kind eine Zukunft aufbauen? Der Blick von Eltern und Betreuer auf das (oft erwachsene) Kind kann vor diesem Hintergrund ziemlich unterschiedlich sein.

Wir sollten uns dieser besonderen Lage, in der sich die Eltern befinden, als Betreuer bewusst sein. Die Eltern haben eine bewegte Vergangenheit mit ihrem Kind hinter sich; eine Vergangenheit, die ihre Einstellung zum Kind geprägt hat, auch auf dem Gebiet der Sexualität und der Beziehungen. Mit der Kenntnis um diese Vergangenheit können wir sehr viel Verständnis für die Einstellung der Eltern aufbringen.

Der Vater von Sandra hat sehr viel mit seiner Tochter mitgemacht. Schon früh wurde Sandra in einer Einrichtung untergebracht, unter anderem weil ihre Mutter gestorben war. Später kam Sandra wieder zu ihrem Vater zurück, und jetzt lebt sie in der Dependance eines Behindertenwohnheimes. Der Vater beschütze seine Tochter zu sehr und nehme ihr viel zu viel ab, so die Meinung ihrer Betreuerin. „Er kann sie nicht loslassen", sagt sie. Die Betreuerin zeigt Verständnis dafür. Zurzeit macht der Vater sich Sorgen, weil Sandra einen Freund hat. „Ist sie wirklich so weit?", fragt er sich. „Und was ist, wenn sie schwanger wird?" Die Betreuerin hat mit Sandras Vater

Kontakt aufgenommen und spricht mit ihm über eine sexuelle Aufklärung seiner Tochter. Damit hat der Vater große Schwierigkeiten. Der Vater und die Betreuerin führen mehrere Gespräche, in deren Verlauf der Vater seine beschützende Haltung erkennt: Er stamme aus einer anderen Generation, sagt er, und die Vergangenheit komme zurück und bringe ihn um den Schlaf. Die Betreuerin und Sandras Vater verstehen einander und nehmen sich die Zeit, eine Lösung des Problems zu finden, denn beide wollen, dass Sandra glücklich ist.

Unterschiedliche Normen und Werte; die Moral
Die Eltern fühlen sich für ihr Kind verantwortlich, die Betreuer fühlen sich für ihren Klienten oder ihre Klientin verantwortlich – was zwei sehr unterschiedliche Empfindungen sind. Gleichwohl haben Betreuer und Eltern in der Regel jedoch das gleiche Ziel: „Dieser Mensch soll sich wohl fühlen, er soll glücklich sein und sich entsprechend seiner Möglichkeiten entwickeln können." Aber wollen wir das auch auf sexuellem Gebiet?

Viele Eltern können nicht gut mit den heutigen, freieren sexuellen Auffassungen umgehen. Sie sind in einer Zeit aufgewachsen, in der Sexualität mit Heiraten und Kinderkriegen verbunden war. Und genauso, wie es für Kinder schwierig ist, ihre Eltern als sexuelle Wesen zu sehen, können auch Eltern nur schwer akzeptieren, dass ihre Kinder ein eigenes Liebesleben haben, losgelöst von den Eltern. Das ist noch schwieriger, wenn dieses Kind trotz seines Alters und seiner sexuellen Reife noch so abhängig ist wie ein Kleinkind. Viele Eltern sind schockiert, wenn sie mit der freieren sexuellen Moral der jüngeren Betreuer konfrontiert werden (Van Hattum, 1986).

Ich möchte jedoch nochmals betonen, dass es auch Eltern gibt, die eine freiere Auffassung haben als die Betreuer, die für ihr Kind sorgen.

Die Normen und Werte können sehr unterschiedlich sein; das ist das Schöne in einer pluriformen Gesellschaft. Wenn wir allerdings Entscheidungen treffen müssen, kann die Vielfalt zu Verwirrung, Meinungsverschiedenheiten und sogar Streit führen. In diesem Streit liegt jedoch *eine Herausforderung* – nämlich zu verhindern, dass einem anderen Normen und Werte auferlegt werden und dass der Dialog unterbrochen wird. Dies könnte dem Klienten schaden, er könnte zwischen den Normen und Werten seiner Eltern und denen seiner Betreuer hin und her gerissen werden. In diesem Fall gibt es meistens nur Verlierer: den hin und her gerissenen Klienten sowie die Eltern und Betreuer, die alle nur das Glück des Klienten im Auge haben.

Stimmen wir in unserer moralischen Einstellung überein? Moral wird von Van de Vate (1994) beschrieben als „der mehr oder weniger zusammenhängende Komplex von Normen und Werten, der von einer Personengruppe als Richtschnur ihres Handelns akzeptiert wird". Nein, nicht immer haben wir die gleiche moralische Einstellung. „Wir haben alle unterschiedliche Einstellungen zur Religion und zum Leben, aber es gibt auch immer eine eindeutige, autonome ethische Theorie, die unsere Probleme lösen kann" (ebd.).

Was für eine Herausforderung! Wir werden quasi mit der Nase darauf gestoßen, dass es die Mühe wert sein, wenn nicht sogar notwendig sein kann, uns über unsere Lebenseinstellung auszutauschen und unser Menschenbild und unsere Werte zu diskutieren. Unsere Einstellung zur Sexualität hat viel mit unserer Lebenseinstellung zu tun. Reden Eltern, Betreuer und die Mitarbeiter der Einrichtung darüber? Kennen wir die Lebenseinstellung der anderen?

Es ist äußerst wichtig zu wissen, was wir selbst wollen – und noch viel wichtiger ist es, den Hintergrund unseres Wollens zu kennen. Welche Werte treiben uns an, welche Lebenseinstellung motiviert uns und welchem Lebenssinn streben wir nach? Ein Gespräch darüber kann Menschen zueinander führen.

Reinders (1993) spricht von der Betreuung als Lebenswelt: „Aus dieser Perspektive wird die Betreuung nicht direkt als Funktion aufgefasst, sondern als zwischenmenschliche Aktivität, die beiden Seiten einen Sinn gibt. Kultur ist geteilte Lebensgeschichte und nicht das Ergebnis einer Vorgehensweise."

Ich frage mich, inwiefern Menschen mit einer geistigen Behinderung sowie deren Eltern und Betreuer einen Beitrag zu dieser geteilten Lebensgeschichte geleistet haben, inwieweit dies eine geteilte Lebensgeschichte ist und in welchem Maß wirklich miteinander darüber kommuniziert wird?

8.4 Die Bedeutung einer angemessenen Kommunikation

Gute Kommunikation, wirkliches Zuhören, die Kenntnis der Auffassungen des anderen sowie der Absichten und Hintergründe, die hinter dieser Auffassungen stehen: Dies sind unentbehrliche Charakteristika eines Dialogs, auch auf dem Gebiet der Sexualität und Beziehungen. Ter Haar (1994) spricht in diesem Zusammenhang von einem Bündnis: „Ein Bündnis bedeutet, dass die Eltern an Entscheidungen, die ihren Sohn oder ihre Tochter betreffen, ebenbürtig beteiligt werden. Meine Erfahrungen haben gezeigt, dass es meistens nicht zu Unstimmigkeiten kommt, wenn alle Beteiligten gemeinsam ihre Ideen entwickeln." Weiter schreibt Ter Haar, dass es sich hier um drei „Parteien" handele: die Betreuer, die Eltern und der Mensch mit einer geistigen Behinderung.

Ich bin mir der Tatsache bewusst, dass jede dieser drei Parteien ihren eigenen Hintergrund hat: ihre eigene Entwicklungs- und Sozialisationsgeschichte und ihre eigenen Normen und Werte, eingebettet in ihre Lebenseinstellung.

Im Abschnitt 4.5 habe ich erläutert, dass meiner Ansicht nach der Klient die Norm sein muss: Dieser eine individuelle Mensch mit einer geistigen Behinderung steht im Mittelpunkt. Es ist eine Kunst, seine Fragen zu beantworten und die Existenz und das Erleben seiner Sexualität, in welcher Form auch immer, zu respektieren – es sei denn, er fügt sich selbst oder anderen Schaden zu. Dieser Ausgangspunkt, diese Einstellung kann den Bezugsrahmen für eine Einrichtung oder Organisation bilden (siehe Kapitel 3). Es ist interessant zu sehen, inwiefern diese Einstellung auch die Einstellung des Klienten und die der Eltern widerspiegelt.

Eine Einrichtung oder Organisation sollte ihre Einstellung offen legen, darüber kommunizieren und ihre Vorgehensweise deutlich darlegen, damit Eindeutigkeit und hoffentlich auch die Möglichkeit zum Dialog geschaffen wird. Auch sollten die Eltern – sowohl individuell als auch gemeinschaftlich – an der Entwicklung und Besprechung der Vorgehensweise auf dem Gebiet der Sexualität und Beziehungen beteiligt werden (jeder kann dann selbst entscheiden, ob und inwieweit er der Grundausrichtung beipflichtet). Es sollte miteinander besprochen werden, was notwendig ist, und wenn gewünscht, kann auch das Erleben der Sexualität der Tochter oder des Sohnes näher in Augenschein genommen werden. Auch können während eines Informationsabends Fragen rund um das Thema Sexualität und Beziehungen erörtert werden. Offenheit ist von größter Bedeutung.

Wenn die Mitarbeiter einer Einrichtung oder Organisation auf dem Gebiet der Sexualität und Beziehungen auf Offenheit achten, fällt es den Eltern viel leichter, selbst auch offen zu sein. Außerdem schafft Offenheit die Möglichkeit, die gegenseitigen Standpunkte und deren Hintergründe wahrzunehmen und vielleicht zu verstehen.

Nicht immer werden sich die verschiedenen „Parteien" einig sein, im Allgemeinen jedoch schon. Für Meinungsunterschiede gibt es keine Standardlösung und kein Patentrezept.

Für alle Beteiligten sollte es jedoch immer das Ziel sein, miteinander im Gespräch zu bleiben. Normen und Werte können glücklicherweise einem anderen nicht auferlegt werden: Der Klient ist die Norm. Von den Mitarbeitern darf erwartet werden, dass sie Zurückhaltung bei der Darstellung ihrer eigenen Normen und Werte üben, und das Gleiche gilt in gewissem Sinne auch für die Eltern. Ihr Kind kann – vor allem bei einer wachsenden Selbstbestimmung – eigene Entscheidungen treffen, die nicht zwangsläufig mit den gewünschten Entscheidungen der Eltern (und Mitarbeiter) übereinstimmen müssen. Dies ist auch bei Menschen ohne geistige Behinderung nicht anders. Erziehen heißt zu einem großen Teil loslassen; das gilt auch für Menschen mit einer geistigen Behinderung, selbst wenn diese Menschen auf eine besondere Art und Weise in der Welt stehen. Aber trifft das nicht auf jeden zu, sind wir nicht alle einzigartige Menschen?

8.5 Anregungen zur Diskussion und Aufgaben

1. Erörtern Sie in der Gruppe die Ansichten, die Eltern und Betreuer über die jeweils andere Gruppe haben, insbesondere in Bezug auf Sexualität und Beziehungen von Menschen mit einer geistigen Behinderung.

2. Eine These: Eltern sind treuer als Betreuer. Wie ist die Betreuung doch lieblos organisiert! Nehmen Sie dazu Stellung.

3. Besprechen Sie in der Gruppe, was es für Sie bedeuten würde, ein Kind mit einer geistigen Behinderung zu haben. Was würden Sie in dieser Situation von den Betreuern Ihres Kindes auf dem Gebiet der Sexualität und Beziehungen erwarten?

4. Die Einstellung zur Sexualität ist eng mit der eigenen Lebenseinstellung verknüpft. Wie sieht Ihre Lebenseinstellung aus und wie beeinflusst diese Ihre Einstellung zur Sexualität und zu Beziehungen (von Menschen mit einer geistigen Behinderung)?

5. Stellen Sie sich vor, Sie seien gemeinsam für eine Gruppe von Menschen mit einer mittelgradigen geistigen Behinderung verantwortlich, die in einer dezentralen Wohneinheit lebt. Formulieren Sie eine Vorgehensweise für den Bereich Sexualität und Beziehungen. Beantworten Sie dabei folgende Fragen:
   a) Wie entwickeln Sie diese Vorgehensweise?
   b) Wie soll die Vorgehensweise aussehen?

9. Zum Schluss

Alle Menschen haben sexuelle Bedürfnisse – und dies gilt uneingeschränkt auch für Menschen mit einer geistigen Behinderung: Doch wie von ihnen Sexualität und Beziehungen erlebt werden, ist für ihre Betreuer und Eltern nicht immer einfach zu verstehen.

Ich hoffe, dass es mir mit diesem Buch gelungen ist, darauf hinzuweisen, dass es sich für alle Beteiligten lohnt, nach der Bedeutung dieses Erlebens zu suchen. Wir werden dadurch dem ganzen Menschen gerecht und geben vielen Menschen mit einer geistigen Behinderung die Chance, sich auch auf dem geschlechtlichen Gebiet zu entwickeln und Sexualität – in welcher Form auch immer – als eine Bereicherung ihres Lebens zu erfahren.

Um diese Ziele verwirklichen zu können, sind Menschen mit einer geistigen Behinderung jedoch maßgeblich von der Haltung ihrer Eltern, Betreuer und von den Vertretern der Einrichtungen abhängig. Diese bestimmen, wie sie dem Menschen begegnen wollen, und es liegt in ihrer Verantwortung, dem Thema Sexualität und Beziehungen gerecht zu werden. Das dürfen wir niemals vergessen!

Ein Buch kann eine Begegnung zwischen dem Leser bzw. der Leserin und dem Autor sein. Sollten Sie Einwände, Fragen oder Anregungen zu dem hier Gelesenen haben, möchte ich Sie bitten, mir zu schreiben (Erik Bosch, Lampertheimstr. 21, 7641 DR Wierden, Niederlande).

Literatur

Amerongen, H. van (1994). *Wat kan de Rutgers Stichting voor U betekenen?* Lezing op studiedag „Relaties en seksualiteit in de gehandicaptenzorg". Ede.

Berge, H. ten (1994). Sneeuwval, een film over acceptatie. *Raakpunt* (Dezember), Utrecht.

Berlo, W. van (1995). *Seksueel misbruik bij mensen met een verstandelijke handicap: Een onderzoek naar omvang, kenmerken en preventiemogelijkhede.* Eburon, Delft.

Bosch, E. (1994a). Ouders nemen heft in handen in Enschede. *Fiad Forum* (Februar), Utrecht.

Bosch, E. (1994b). *Visie en Attitude, bewust omgaan met mensen met een verstandelijke handicap.* Nelissen, Baarn. (Dt. siehe Bosch, 2000)

Bosch, E. (1994c). Visie en Attitude. *Fiad Forum* (Mai), Utrecht.

Bosch, E. (1994d). Seksualiteit en relatievorming van mensen met een verstandelijke handicap. *Praotpaol* (Nr. 3).

Bosch, E. (1996). Aanraking nieuw taboe? *Klik* (Mai), Utrecht.

Bosch, E. (2000). *„Wir wollen nur Euer Bestes!"*. Tübingen: dgvt-Verlag.

Brongers, P. (1995). *Jij en Ik*. 7 videofilms rondom het thema „relaties en seksualiteit", ten behoeve van mensen met een verstandelijke handicap. Sintmaheerdt, Tolbert.

Federatie van Ouderverenigingen (1989). *Mensen met mogelijkheden.* Utrecht.

Gennep, A. van (1993). Handicap en zinvol leven. *Fiad Forum* (Dezember), Utrecht.

Haar, J.A.A. ter (1990). Waarom hebben we het niet eerder gezien? *Klik* (Januar), Utrecht.

199

Haar, J.A.A. ter (1994a). *Gevoelens, standpunten en normen van ouders.* Lezing op studiedag „Relaties en seksualiteit in de gehandicaptenzorg". Ede.

Haar, J.A.A. ter (1994b). Preventie van seksueel misbruik en mensen met een verstandelijke handicap. *Kaders* (November), Utrecht.

Haaren, J. van (1986). *Angsten.* Nelissen, Baarn.

Hattum, M. van (1986). *Een zwakzinnig kind, een andere kant van het ouderschap.* Intro, Nijkerk.

Howe, S.G. (1976). On the causes of idiocy. In Rosen et al. (Eds.), *The history of mental retardation* (Vol. 1) (pp. 31–61). Baltimore.

Jansen, H. & Stael-Merkx, W. (Red.) (1979). *Nu is ze ook nog verliefd.* Callenbach, Nijkerk.

Kiers, W. (1994). Seks is natuurlijk, maar nooit vanzelfsprekend. *'n Praotpaol* (Nr. 3).

KLOS-TV (1991). *Veilig Vrijen* (videofilm, inclusief voorlichtingspakket). Huis ter Heide.

Kooten Niekerk, J. van (Red.) (1991). *Ongehoord.* Naar een protocol: Seksualiteit en seksueel misbruik van verstandelijk gehandicapten. PCI, Utrecht.

Kraijer, D.W. & Kema, G.N. (1982). *Sociale redzaamheidsschaal voor verstandelijk gehandicapten.* Swets & Zeitlinger, Lisse.

Kroef, M. (1989). Loyaliteit aan gezin is immens. *Klik* (Juni/Juli), Utrecht.

Kroef, M. (1990). Hoe gaan we om met AIDS? *Klik* (August), Utrecht.

Kroef, M. (1992). Iedereen heeft recht op seksualiteit. *Klik* (Dezember), Utrecht.

Lastige ouders bestaan niet (1994). Klik (Juni/Juli), Utrecht.

Meihuizen, G., Reniers, M., Visser, E. & Waal, M. de (Red.) (1993). *Grenzen (ver)leggen, omgaan met seksualiteit en seksueel misbruik in instellingen voor mensen met een lichamelijke handicap.* Medusa Publikaties, Utrecht.

MOG/Groesbeekse tehuizen (1994). *Lief en Lijf. Een educatie van volwassen verstandelijk gehandicapten op het gebied van seksualiteit en relaties* (boeken, films en handleiding). Klos/Hogeschool, Nimwegen.

Nederlandse Vereniging voor Gehandicaptenzorg (1993). *Bejegening, een handreiking voor discussie*. Utrecht.

Olde Loohuis, K. (1994). *Gebarsten. Een onderzoek naar de bruikbaarheid van methoden uit de psychomotorische therapie bij de behandeling van verstandelijk gehandicapten met traumata ten gevolge van seksuele geweldervaringen*. Scriptie Hogeschool van Amsterdam, afdeling PMT, Hengelo.

Plötz, E. (1988). *Het verstandelijk gehandicapte incestslachtoffer in de hulpverlening*. Scriptie VSID-MWGG, SPD Groningen.

Reinders, J.S. (1993). *Respectvolle bejegening. Enkele cultuurfilosofische kanttekeningen*. Lezing op congres „Bejegening, Ethiek of Etiquette?" Ede.

Rutgers Stichting/PSVG (1992). *Geen kind meer. Seksuele voorlichting aan jongeren met een verstandelijke handicap vanaf 12 jaar*. Den Haag.

Scharloo, A. (1991). Geen instelling kan er meer omheen, seksueel misbruik vraagt om beleid. *Fiad Forum*.

Schreuder-Kniese, M. (1994). *Een handicap! En wat dan met de seks?* Lezing op studiedag „Relaties en seksualiteit in de gehandicaptenzorg". Ede.

Smit, B. (1990). Vertrouwensartsen maken zich grote zorgen. *Klik* (Mai).

Soeter, G.J., Bogaard, J. v.d. & Gesthuizen, S. (1993). *Verstandelijk gehandicapten, seksualiteit en relaties*. Klos/Hogeschool, Nimwegen.

Soeter, G.J. (1994). *Over een opleidings- en trainingsprogramma*. Lezing op studiedag „Relaties en seksualiteit in de gehandicaptenzorg". Ede.

Sondorp, J. (1979). *Oriëntatie op het begrip verstandelijk gehandicapt, zwakzinnigen zijn geen leuke mensen*. In H. Jansen & W. Stael-Merkx (Red.), *Nu is ze ook nog verliefd*. Callenbach, Nijkerk.

Sporken, P. (1988). *Zwakzinnigenzorg en ethiek*. In G.H. van Gemert & W.K. Noorda (Red.), *Leerboek Zwakzinnigenzorg*. Van Gorcum, Assen-Maastricht.

Steen, G. van der & Sondorp, J. (1974). *Seksualiteit en koëdukatie bij zwakzinnigen*. Swets & Zeitlinger, Lisse.

Timmers-Huigens, D. (1993). *Werken met geestelijk gehandicapten, een weg naar vreugde beleven.* Lemma, Utrecht.

Vate, C. Y.d. (1994, Juni). *Ethische uitgangspunten in relatie tot mensen met een verstandelijke handicap.* Lezing VOGG.

Vink, R. (1983). Het schept een band als je samen je broek uit hebt gehad. *Klik* (März), Utrecht.

Vink, R. (1991). Praten over seksualiteit, het komt er meestal niet van. *Klik* (Januar).

Woelinga, H. (1988). *Seksueel misbruik van kinderen in het gezin.* Boom, Amsterdam/Meppel.

Zalm, P. van der (1994). Rutgers Stichting helpt taboe te slechten. *Utrechts Nieuwsblad,* 23. September.

Zijderveld, B. van & Sweere, M. (1980). *Geestelijk gehandicapt, lichamelijk volwassen.* Intro, Nijkerk.

Über den Autor

Erik Bosch, geb. 1958, Heilpädagoge, arbeitet als selbstständiger Trainer, Teambetreuer und Berater in der Betreuung von Menschen mit einer geistigen Behinderung. Er bietet – zusammen mit mehreren Mitarbeitern – regelmäßig Seminare an, hält Vorträge und bildet in den Niederlanden, in Deutschland und in Belgien Teams aus. Diese Veranstaltungen stellen den Menschen mit Behinderung in den Mittelpunkt und leisten somit aktiv einen Beitrag zur Förderung der Selbstbestimmung von Menschen mit einer geistigen Behinderung.

Deutsche Seminarthemen von Erik Bosch sind: „Respektvolle Begegnung", „Sexualität und Beziehungen von Menschen mit einer geistigen Behinderung", „Tod und Sterben im Leben von Menschen mit einer geistigen Behinderung" und „Teambildung".

Kontaktadresse

Bosch, Training und Beratung
Lampertheimstraat 21
7641 DR Wierden
Niederlande

Tel.: 0031 – (0)546 – 576137
Fax: 0031 – (0)546 – 572667

E-Mail: e-bosch@cistron.nl
Website: www.bosch-training-en-advies.nl/de/(Deutsche Website)

www.dgvt-Verlag.de

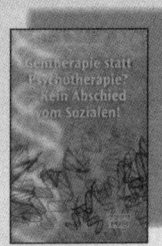

Heike Schemmel & Johannes Schaller (Hrsg.)

Ressourcen

Ein Hand- und Lesebuch zur therapeutischen Arbeit

608 Seiten, EUR 39,–
ISBN 3-87159-041-X

Ressourcen :
Mittlerweile hat sich dieser Begriff zum „Zauberwort" im psychosozialen Kontext entwickelt. Was verbirgt sich hinter dieser Vokabel, was versteht man unter ressourcenorientiertem oder aktivierendem therapeutischen Vorgehen?

Dieser Band bietet zunächst eine Übersicht über den aktuellen Diskussions-Forschungsstand zum Schlag- und Modewort „Ressourcen". Ausgehend von theoretischen Perspektiven liegt der Schwerpunkt des Handbuches darauf, praktisches Handwerkszeug für eine ressourcenaktivierende Arbeit mit KlientInnen zur Verfügung zu stellen. Insgesamt 30 Beiträge bieten eine breite Vielfalt an theoretischen und praktischen Anregungen und Einblicken aus der alltäglichen Arbeit – angefangen von Ressourcenorientierung bei Kindern und Jugendlichen bis hin zu verhaltenstherapeutischen Ansätzen oder Beiträgen aus der Schmerztherapie.

Dieser lange erwartete Überblick, in dem eine Vielzahl verschiedenster AutorInnen zu Wort kommt, ist damit das Standardbuch für alle, die sich mit dem Thema „Ressourcen" auseinandersetzen, sei es aus theoretischem Interesse oder für eine kritische Reflexion der eigenen psychosozialen Praxis.

dgvt-Verlag, Hechinger Str. 203, 72072 Tübingen
Tel.: 07071 - 792850, Fax: 07071 - 792851, E-Mail: dgvt-Verlag@dgvt.de